手で見るいのち

手で見るいのち

ある不思議な授業の力

柳楽未来
Mirai Nagira

岩波書店

手で見るいのち

目次

プロローグ

年の瀬の東京・上野動物園は異様な盛り上がりをみせていた。

国内で五年ぶりに誕生したジャイアントパンダ「シャンシャン」の一般公開が五日後に迫り、事務所で私が取材の申請手続きをしている最中も、問い合わせの電話がひっきりなしに鳴っていた。対応した職員は「休日返上ですよ」と苦笑いしていた。生後半年を過ぎて体重が十二キロを超えたシャンシャンの観覧申込みは、すでに二十四万件を超えたのだという。

だが、手続きを終えて私が向かったのは、パンダ舎とは離れた一室だった。

「これから自分の前にある骨を観察していきます。いつも通り進めてください」

部屋ではすでに、筑波大学附属視覚特別支援学校で生物を担当する武井洋子先生が説明を始めていた。部屋は学校の教室ほどの広さで長机が六つ並んでおり、中学一年生の十二人が二人ずつペアになって席に着いていた。

それぞれの机の上には、動物の頭蓋骨が一人一個ずつ置いてある。両手に収まるほどの大きさのものから、大人でもとても一人では抱えられないほど巨大なものまで、大きさも形もばらばらだ。生徒たちは、何の動物の骨なのかは知らされていない。

武井先生の言葉を合図に、生徒たちは一斉に自分の前の骨に手を伸ばした。

「これは使える牙だな」

山下蒼空《そら》君は、前歯の中で特に鋭く長い牙の付け根をなでるように触りながら、ぼそっとつぶやいた。山下君の前に置いてある頭蓋骨は両手で何とか持てる大きさで、上から見るとやや縦長の形をしていた。指先を奥歯にまで進めた後、さらに後頭部を両手でゆっくりと触ると、今度はさっきよりも少し大きな声で説明を始めた。

「大臼歯《だいきゅうし》が上下で擦《こす》れ合っている感じはない。でも牙はしっかりしている。頭蓋骨の上にある突起が大きく張っているから、この動物はかなり噛む力が強いぞ」

小林友香《ゆうか》さんの前にある頭蓋骨は、山下君が触っているものより一回り大きく、机からはみ出しそうだ。上から見ると縦長の二等辺三角形で、後頭部から口元に向かってすっと細くなっていた。

「この動物の耳はやや斜め前向き。首の付け根の穴は後ろ向きだから、きっと四足歩行だと思う」

普段は少し控えめなところがある小林さんだが、自信がありそうな口調だ。

別の机から「犬歯がめっちゃ入り込んでいる。これはかなり噛む力が強いぞ。絶対に肉食だ」と、永井慶吾君のやや甲高い元気のいい声が聞こえてきた。

たしかに上あごと下あごの前方の左右に立派な牙がついていて、獰猛《どうもう》な雰囲気をまとった骨だ。牙は「飛び出している」と表現するのが一般的だ。だが、永井君は「入り込んでいる」と表現し

武井洋子先生の指導でキリンの頭蓋骨を触る生徒たち.

た。実はこれは大事なポイントなのだ。

北郷宗大《ほんごうそうだい》君が受け持った骨は両手では抱えられないほどで、この日の教材となった六種類の中では最も大きかった。下あごに子どもの手首の太さくらいもある牙があり、上あごの鼻の穴付近までそり上がって伸びていた。直感が鋭い北郷君は、牙から奥歯に手を伸ばして一通り触ると、すぐに「この歯は雑食だな」と気付いた。

その近くで別の骨を触っていた坂本孝暁《たかあき》君が「この動物は目が小さい」とぼそっと言った。横にいた武井先生は、その何倍もの大きさの声で「よく気付いたねぇ」とほめた。

小汐唯菜《ゆいな》さんは、割り当てられた骨を触りながら「嚙みしめる力が強い。首の穴は後ろ斜め下向き」と、いつもと同じように笑顔で話していた。

十二人の中で、この六人は全盲の生徒たちだ。

観察は、すべて手の感触を手がかりにしている。部屋のあちこちから「頰骨が張っているから嚙む力が強い」とか「この歯はすりつぶし型だな」など、競い合うように次々と声が聞こえる。生徒たちは、触って何か特徴に気付くと、それをすぐに言葉にしていく。視覚に頼れないため、すべて言葉を通して概念やイメージを他者に伝え、共有していく彼らにとって、感じたことを言語化することは極めて重要なのだ。

部屋は段々と熱気に満ちてきた。

この授業の取材に初めて同行した竹内カメラマンが「この子たちすごくない？ 骨を触って『この動物は雑食』とか言ってるけど、どうやって判断しているんだろ」と驚いていた。そういえば私も取材を始めたころ、同じように驚いたことを思い出した。

上野動物園で動物の頭蓋骨を触って観察する実習は、中一の生物の授業のクライマックスと言ってよい。授業は一年間を前後半に分け、前半は葉っぱをひたすら触って観察し、後半は動物の骨を触ることに充てている。

この授業は、四十年以上前から基本的な形をほとんど変えず続いている。教科書は使わず、板書もない。週休二日制の導入で授業時間の確保が難しくなっても、ずっと週一回二時間続きの授業を維持している。

私はひょんなことからこの授業の存在を知り、全盲の生徒たちのクラスを半年以上にわたって、継続して取材した。

理科の学習では、実験や観察は欠かせない。しかし、戦前の盲学校では、視覚障害者が実験をすることは安全面などから不可能と考えられ、授業はもっぱら教師が説明するだけの「お話し理科」だったという。

戦後の一九四七年に公布された学校教育法で、盲学校の教科教育は一般の学校に「準ずる」という基本方針が示されたが、依然として理科は最も教えるのが難しい教科と位置づけられた。たしかに私がいきなり目隠しして実験を始めても、やけどをせずにガスバーナーに火を点けることすら難しいだろう。

一九六〇年代に入ると、物理や化学では、海外の実践例も参考にしながら実験が取り入れられ始めた。そもそも物理や化学は、磁力や分子など目に見えないものを扱うこともあり、理科の中では比較的、取り組みやすい背景もあったらしい。それに比べると、生物の実験や観察はなかなか進んでいなかった。昔も今も、中学で習う生物分野の最初は、顕微鏡を使った観察の場合が多い。視覚障害者にとっては、いきなり越えられそうにない大きな壁が立ちはだかる。

その上、生物では、自然界にいる多種多様な動植物の違いや共通点を学び、「多様性」を理解することが重視されている。目が不自由な子どもたちにとって、理科の中でも生物は難題なのだ。

そんな中、今から四十年以上前に、「生物の楽しさを子どもたちに伝えたい」という思いを持った教師たちが現れた。視覚に頼らずに生物を学ぶにはどうしたらいいか。生物を学ぶとは、どういうことか。原点に立ち返り、本質を突き詰めた結果生まれたのが、筑波大附属視覚特別支援学校で引き継がれてきた授業だ。

「一見《いっけん》する」という言葉があるように、視覚は素早く一通りを把握するのに優れた感覚だ。だが、視覚障害者が生物を学ぶために使う触覚では、得られる情報は手の届く範囲に限られる。小さな部分を積み重ねて全体像を作っていく。だから当然、スピードでは視覚にかなわない。

だが授業に通い始めると、全盲の生徒たちは、手で骨を触って観察をし、驚くような発見を繰り返し、動物が生きていたときの姿を自らの手の感触を通して学んでいた。

そんな姿を見ていて、私は思った。

じっくりと「手で見て」作り上げた「いのち」の像は、私がこれまでに視覚で得てきたものと同じなのか、それとも違うのか。

それを知るためには、私自身もじっくり取材する必要があると考えた。取材を始めたころ、骨を触る生徒たちを見て「何かすごい」と感じた。しかし、ただ「すごい」で終わらせてはいけないとも思った。そう思わせる何かがある授業だった。

取材は授業の内容にとどまらず、授業を作り上げた当時の先生たちや、授業を受けた生徒たちのその後にまで広がっていった。取材では、視覚に頼っているだけでは決して気付かないことにたびたび驚かされた。

それは現代の「視覚優位社会」を生きる私に、大切なことを教えてくれた。

生徒に骨の触り方を伝える武井洋子先生.
筑波大学附属視覚特別支援学校で.

第一章

骨を触る授業と子どもたち

東京メトロ有楽町線の護国寺駅を降りると、ホームは早朝の地下特有のもやっとした少し蒸し暑い空気で満たされていた。大きなバッグを肩にかけた登校中の男子高校生たちに囲まれながら、エスカレーターで地上に向かう。出口付近には日が差し込んでいる。地上に出ると、秋が始まったことを感じる朝のひんやりとした空気が頬に当たった。

五分ほど歩くと、住宅街の中にいかにも学校らしい白い校舎の連なりが現れた。とびきりの笑顔で迎えてくれた警備員の男性と挨拶を交わす。玄関の台に置いてあるノートに名前や時刻を書き込み、すぐ脇の箱に無造作に入れられた紐付きの入校証を手にとって、首からさげた。

二〇一七年十月、東京都文京区にある筑波大学附属視覚特別支援学校の生物室では、四十三年目となる恒例の授業が始まろうとしていた。

授業のはじめに

「今日から骨を使います」

二時間続きの授業の冒頭、中学一年A組の生徒七人に、生物を担当する武井洋子先生が語りかけた。武井先生は、二十代後半でこの学校に赴任して三十年近くになる。骨を触る生物の授業を担当する三代目の教師だ。

筑波大附属視覚特別支援学校では、中学生は全盲と弱視でクラスが分かれており、A組は点字を使って授業をする全盲の生徒たちだ。

「骨って？」

いまいちピンと来ていない生徒たちの声を聞いた武井先生は、もう一度念を押すように言った。

「本物の骨です」

「えっ、マジで」

生徒たちから一様に驚きの声が聞こえてきた。毎年くり返されるおなじみの光景なのだろう。武井先生は特に気にする様子もなく、すぐに言葉を続けた。「私たち盲学校の文化では、触らないと見たことにならないからね」

校舎の三階にある生物室は四人で使える大きめの机二個と教壇があり、一般の学校の理科室をややコンパクトにしたような造りになっていた。後方にあるロッカーには模型や標本、分厚い図鑑などの資料がびっしりと入っており、窓際には備品の入った段ボール箱がいくつも積み重ねられていた。雑然とした感じがどこか懐かしい。私が通った中学の理科室との違いといえば、黒板やホワイトボードがないことくらいだろうか。

武井先生は生徒たちの前に、一人一個ずつ動物の上あごの骨を置いていった。上から見ると縦長の二等辺三角形で両手に収まるほどの大きさだった。

この授業には、事前に生徒たちに動物の種類を伝えないというルールがある。武井先生によると「名前を教えると深く見なくなってしまうから」だという。そのため、この上あごの骨は「動物Aの骨」と名付けられていた。

生徒たちは、おそるおそる自分の前にある骨に両手を伸ばし、触り始めた。武井先生は最初から何も説明しない。知らされているのは動物の骨ということだけだった。

「これはきっと全身の骨だ」

「足がないし頭だけでしょ」

いきなり生徒たちの意見が分かれた。自分の前にある骨が、動物の全身の骨だという「全身派」と、頭の部分だけだという「頭蓋骨派」に二分された。左右の頬骨がふくらんでいたので、それを翼だと思って「コウモリの全身だ」という意見もあった。

武井先生はどちらが正しいとは言わない。生徒たちが骨を触る様子を見ながら、反応をじっと待っている。

そのとき、永井慶吾君が「牙みたいなものがある」と気付いた。

武井先生はその発見を見逃さない。生徒たちの骨を一つずつ置き直し、上あごが生徒たちと同じように前の方向を向くようにした。

「牙みたいなところから、どんどん後ろの方を触ってみて」

生徒たちは、鋭くとがった牙に触れていた指先を、ゆっくりと手前の方に移動させていった。

すると、北郷宗大君が「奥歯みたいなものがある」と言い、続いて同じ机の向かい側に座っている山下蒼空君が「これって、全部歯なんじゃないか」と気付いた。「あーっ」「たしかに」と他の生徒たちの声が続き、教室の雰囲気が少しだけ高揚したように感じた。そこまで来ると、武井先生は、新たに下あごの骨を一つずつ生徒たちに配った。上あごと下あごはぴたっと嚙み合った。

ようやく全員が、「この骨は頭蓋骨」という意見で一致した。最初に牙の存在に気付いた永井君は、上下のあごが噛み合った頭蓋骨の牙の部分を触りながら「めっちゃ凶暴なんだけど」と少しうれしそうだった。

ここまでで一時間目は終わった。

休憩時間、生徒たちがトイレに行って教室からいなくなると、武井先生は「ふふふ、今年はコウモリが出ましたね」と少しうれしそうに笑っていた。

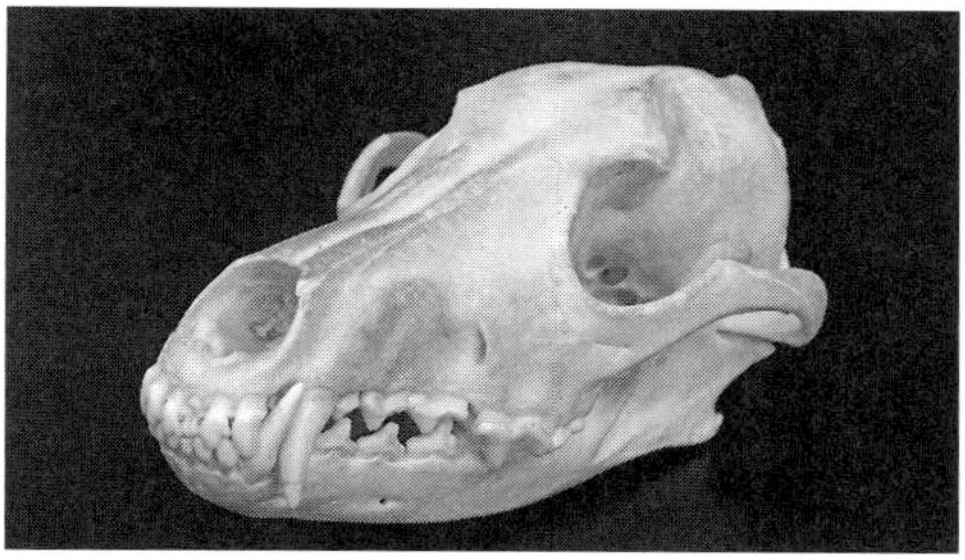

動物 A.

二時間目

二時間目に注目したのは「穴」と「空間」だった。

武井先生は、頭蓋骨を自分たちの体と同じ方向に向けるように、生徒たちに言った。

「いきなり何の動物か考えるのは難しすぎるから、一つ一つ考えていくよ。この骨は頭なんだから、どんなものがあるんだろう」

「顔なが一い」

小汐唯菜さんの声がする。しばらくすると生徒たちから「脳」という言葉が出始めた。「じゃあ脳を探してみようか」と、まずは脳が入っていた空間を探す作業が始まった。

骨を触り出すと、頭蓋骨の前方から触り始めた生徒たちが、とがった二等辺三角形の頂角の部分を触りながら「これ鼻じゃない?」「これ鼻だ」と話し始めた。目的の脳の前に、鼻の位置が分かってしまった。次こそは脳の番だ。

「脳だから後ろ」と、北郷君が底辺の部分にある大きな空洞に指を入れ、山下君と坂本孝暁君も同じ空間に指を入れた。そのうち小林友香さんも同じように指を突っ込んだ。この空間は、頭全体の三分の一はありそうな大きさだった。

生徒たちは、他のクラスメートがどこを触っているかは見えない。だからみんな、自分がどこを触っているのか、何を発見したのかについて、しゃべりながら触っていく。

全員が同じ空間に気付いたところで、武井先生が説明を始めた。

「この空洞は丸く膨らんでいるよね。みんな脳の部屋が分かったね。じゃあ次は目を探して」

生徒たちはぶつぶつとしゃべりながら、骨を触っていく。

「人間は上下に顔が長いんだけど、これは前後に長い。人間で言うと寝転がっている状態かな」

「目が付いている場所が人間とはかなり違うんだろうな」

「動物は目が横にあるイメージなんだよ、きっと」

生徒によって触っている穴が違う。

「四人が同じ場所を触っていて、坂本と小汐がちょっと違うところを触ってる」

武井先生が生徒たちの近くを回りながら実況中継していく。

どちらの穴も左右対称に一つずつあって、四人の触っている方が大きく、前後でいうと後ろ側にあった。どちらが目なのか判断がつかないので、自分の顔の目の周りの骨を触ってみることになった。人間の目の周りの骨は、眼球を取り囲むようにやや横長の楕円形で、当たり前だが目の大きさに比べると大きい。

自分の眼球とその周囲の骨の大きさの比率を参考にすると、動物Ａの小さい方の穴は、とても眼球が入っていたとは思えないという結論になった。大きな方の穴に眼球が入っていたのだろうという意見でまとまった。

さらに目の穴の中に指を突っ込んでみると、目の穴の向きは頭蓋骨に対して真横ではなく、やや前の方に傾いていた。

武井先生は「動物Ａの目はヒトと比べてみると横に向いているけど、これは動物にしては前向きです。そこだけは言っておくね」と補足した。

では、小さな穴は何者なのか。

武井先生が生徒たちに、人差し指で自分の鼻の脇を押さえるように言った。たしかに、少し強く押さえると小さな穴があることが分かる。

「小さい方の穴は鼻の脇の穴なんですね。人間にもあるんだよ。じゃあ、なんでこんな所に穴があるの？」

また武井先生の問いが始まった。

「息するためでしょ」

「鼻の脇からは息しないよ」

生徒たちが思いついたことをつぶやいていると、永井君が突然大きな声を出した。

「先生、もう一つ穴を発見しました」

永井君は、目の後方にある別の小さな穴を触っていた。ほんとうに頭蓋骨は穴だらけだ。観察は、鼻の脇の穴から、永井君が見つけた穴に移った。

「永井がもう一個の穴を発見した。目の穴の中の後ろの方にも穴があるみたいだよ」

武井先生も声の大きさでは負けていない。

すると生徒たちは「これ神経？」「脳にいくやつだね」「神経が通っている通路だ」と盛り上がり始め、「おー」と武井先生から感嘆の声がもれた。

「そうか、神経が通っている通路なのか。視神経なのか。じゃあ本当に目の神経が脳にいっているか、やってみよう」

武井先生は生徒たちに、頭蓋骨を鼻の部分を下に向けて持ち、神経の通路になっていると思われる両側の穴を指で軽く押さえるように言った。

「じゃあさ、息を吹き入れてみようよ」

頭蓋骨には首との付け根の部分にやや大きな穴が空いており、穴の先には脳が入っていた空間がある。武井先生の言うとおりに、生徒たちはこの穴に思い切って息を吹き込み始めた。生物室には、口をすぼませて頬を膨らませた顔が並んだ。

「どう？　視神経ってみんなが言っていた穴から空気が出てきた？　ということは、つながっているということだよ」

視神経の穴以外の穴からも、空気が出ている。坂本君は逆に視神経の穴から息を吹き入れるというオリジナルな方法を試していた。

武井先生の問いはまだまだ続く。

「でも神経だけじゃないよね。神経じゃない細長いものって何だ？」

「血管か」

「そう、山下すごい。そうだよね、血管で栄養や酸素を届けないといけないよね。頭蓋骨には穴があちこちにあって多分、神経や血管が通っていて、脳とつながっているんだね」

武井先生は以前、頭蓋骨のレプリカで同じような授業ができないか考えたことがあったという。しかし目や鼻の穴はあったが、神経や血管が通る穴まではなかった。本物の骨でないと見つけられない特徴なのだ。

ここで終業のチャイム。

「動物おもしろーい」「何の動物なのか気になるな」と生徒たちはにぎやかに話しながら、生物室を後にした。

初日の取材が終わったが、授業の進行はおそろしくゆっくりだ。二時間かけても動物Aの正体が明らかにならなかった。

この後、この動物Aの骨の観察だけで三週間（計六時間）も費やすことになる。

二週目

「骨は語るんですよ」

取材を始める前、この授業について武井先生は私にこう説明してくれていた。分かるような分からないような思いだったが、取材を重ねると、徐々にそれを実感していくことになった。

二週目は穴の観察の続きから始まった。

動物Aの頭蓋骨にある首との付け根の部分には、指一本ほどの太さの穴が空いていた。生徒たちが指を突っ込んで確かめてみたところ、穴は後ろ向き（前後方向）に伸びているのだという。

「じゃあ私たちの頭蓋骨の首につながる穴は、どっち向きだと思いますか？」

今日も武井先生の問いが始まった。

生徒たちは姿勢を伸ばして首のあたりを触り、下だと答えた。たしかに二足歩行の人間は、頭蓋骨と首は上下の関係にあるので、首に付く穴は下向きだ。

「もしかしたら、上を向いたらこの動物と同じ向きになるんじゃないの」と北郷君がぼそっと言った。

「ちょっとちょっと、みんな上を向くと動物Aと似てくるらしいよ。北郷いいこと言ったな」

その発見をもとに授業が進み始めた。

ちなみに北郷君は、A組の中でもひときわ直感が鋭く、ときどき武井先生をも驚かすような発見をする。そのため武井先生から「勘の北郷」と呼ばれていた。ただ直感が鋭すぎるあまり、この授業の本来の目的であるじっくり観察することがときどきおろそかになるようで、このあだ名には「勘だけに頼っちゃだめよ」という激励の意味も込められているのだと、私は勝手に推察している。

さて、首に付く穴の向きである。

座ったまま顔を上に向けると、顔の向きと首に付く穴の向きの関係は、動物Ａと同じになるが、もちろんずっと上を向いて生活する動物はいない。そこで首に付く穴の向きは下向きのままで、動物Ａの姿をまねしてみることになった。立ち上がって椅子に両手をつく。胴体部分をほぼ地面と平行な状態にした上で、首に付く穴が後ろ向きになるよう、顔を前向きに起こしてみた。

「なんだ、四足歩行じゃん」

生徒たちはあっさり気付いた。

目の前には頭蓋骨しかないのに、首につながる穴の向きをしっかり考察すれば動物の全体像を想像できるとは、なかなか驚きである。

次は耳だ。耳は外耳、中耳、内耳からなり、外から見えるのは集音機能を担う外耳のうちの耳《じ》殻《かく》の部分だけだが、耳殻は皮膚と軟骨でできているので頭蓋骨の標本には残っていない。そのため耳の観察でも、耳が付いていた穴の観察が必要になってくるというわけだ。

耳探しで多くの生徒たちが最初に触り始めたのは、目の穴の斜め上のあたりだった。学芸会で動物役をするときに耳は頭の上に付けるし、有名なアニメのキャラクターもだいたい耳は頭の上に二つ付いている。動物の耳は目よりも高いところにあるというのが、生徒たちの共通したイメージのようだ。これまであまり深く考えたこともなかったが、私も同じイメージをもっていたと思う。

片手を腰に当ててその様子を見ていた武井先生が話し始めた。

「分かった。ちょっと耳探しはやめて、自分の顔を触ってみよう」

眼球の入っている穴の骨の下の部分から、まっすぐ後ろに手を進めていくと頬骨のふくらみがあり、そのまま進むと耳の穴に到達する。つまり、ヒトは目と耳の高さがほぼ同じというわけだ。改めて動物Aの頭蓋骨を触り、同じように目の穴から後ろにたどっていくと穴があった。「あったー」と、まるで何か宝でも探し当てたかのような声が教室に響いた。穴の場所が分かれば、次は穴の方向だ。生徒たちが指で確かめると、穴はほぼ真横を向いていた。つまり動物Aの耳は、真横に向いて付いているということだ。

さらに耳の観察は穴だけに終わらなかった。気をつけて触ってみると、穴の周辺の骨がぷっくりと膨らんでいた。下あごを外し、上あごをひっくり返して裏側から触ってみると、膨らみの部分は部屋のような空洞になっていた。この膨らみは、ぱっと見ただけではおそらく見逃してしまうような特徴である。

「私たちの耳のまわりはこんなに膨らんでいないよ。ということは、動物Aは耳が大きくて、耳がいいということです。でもさ、耳って音を聞くためだけじゃないって知っていますか？」

誰かが「バランス感覚」と言った。

「そうだね、そうすると耳の部屋がぷっくりと膨らんでいるので、音がよく聞こえる上に、バランス感覚が優れていると想像できます」

武井先生の説明を聞きながら私は、穴と膨らみだけでここまで深く考えられるものなのかと感心していた。

だが、これはまだ序の口だった。

さらに観察は深みを増していく。

このころになると、生徒たちが動物Aの正体が何なのか、かなり気になり始めているのが傍目からもひしひしと感じられた。

休み時間でさえも、動物Aが何者かについての話題で盛り上がるようになっていた。

「牙があるから肉食でしょ」と誰かが言えば、「いやいや、この程度の牙じゃ肉食とは言えない。草食だよ」という反対意見もあり、それに対して「草食だったらこんな牙みたいのいらなくねぇ？」という反論もあった。さらに「雑食っていう可能性もあると思うけど」という別の予想もあったりして、議論は白熱の度合いを増していた。

休み時間に牙が話題になったので、授業が始まると、歯の観察になった。

「みんなさ、肉食って何を食べていると思うの？」

肉や魚という答えが生徒たちから返ってきた。

「じゃあ草食は？」

草の他に、野菜という意見も出た。

「ちょっと待って。みんな野生なんだよ。動物たちは自分で食べ物をとっているんだよ。そうすると、草食は生えている草とか、木の皮とか食べているわけ。野生の草とか木の皮って加熱されたり調理されたりしているのかな。されていないよね。そうすると堅いよね。草だってそのまま堅いよね。じゃあそこから栄養を取ろうと思ったら、どうしたらいいんだろう」

すぐに生徒たちは「噛む」と言った。

「そう、噛むよね。そのときに歯を使うんだよね。だから歯を見ると、何食か分かるんだよね。じゃあ肉食はどうやって動物を捕ってくるの？」

肉食動物について考えることになった。

「追っかけ回して捕まえる」という具体的な動きをイメージした意見もあれば、「かなりえぐいことをやっているはず」という抽象的な意見も出た。

このクラスの生徒たちは全員が点字を使って学んでいるが、視覚が不自由になった時期は生徒によって異なる。幼少期に動物を見たことがある生徒もいれば、そういった経験がない生徒もいる。そのため、頭の中にある情報量やイメージは違っているようだ。

だが事前の知識のあるなしにかかわらず、この授業では目の前にある動物Aの頭蓋骨を観察して何が分かるかを考えていく。事前の知識が大切なのではなくて、あくまでも自分の手で触って得たことから、世界を広げていくという授業だ。

そこで、今は頭蓋骨だけになってしまった動物Aを肉食と仮定して、獲物をしとめる姿を想像してみることになった。しとめられる動物は何にしようかと武井先生が尋ねると、なぜか生徒たちから「シマウマ」の名前が出た。特に罪はないが、今回はシマウマが動物Aに捕らえられると決まった。

私も一緒にイメージしてみる。遠くに地平線を望むだだっ広い草原にシマウマの群れがたたずんでいる。動物Aは遠くから様子をうかがいながら徐々に距離を詰めていき、一気にスピードを上げた。群れは一斉に散らばって、方々に走り出すシマウマ。しかし、逃げ遅れた一頭に動物Aが鋭い牙で襲いかかる。無念の表情で息を引き取るシマウマ。さっきまで一緒にいた仲間たちが、遠くからその姿をじっと見つめている。これが厳しい自然界の現実なのだと、神妙に解説するナレーションが聞こえてきそうだ。

「いやなパターンだな」と永井君がつぶやいた。おそらく彼も、私と同じような場面を想像していたのだろう。

武井先生が話し始める。

「しとめるときは一発でいかないと、動物Aも疲れちゃうよね。急所は太い血管や大事な神経が通っている首だよね。のど元をがぶっといく。その後はどうやって食べるのかな。シマウマって大きいから丸呑みできないよね。おそらく、毛皮も皮膚もその下の筋肉も噛みちぎっていくんだよね」

獲物をしとめるイメージが共有できたところで、実際に歯を触り始めることになった。

まずはシマウマののど元を一発でしとめた（と勝手にイメージした）牙（犬歯）だ。牙は上下に二本ずつある。先がとがっていて、見るからに立派な長さ三センチほどの牙だ。左右の牙の間には、前歯（門歯《もんし》）が六本はえていた。

ここからが、この日のハイライトだった。

「出ているところより、牙がどこまで頭蓋骨に埋まっているかちょっと触ってみて。触らないと分からない特徴だよ」

すると「すげぇ、食い込んでる」と生徒たちが少しどよめいた。

私も触ってみた。見た目では気付きにくいが、牙は出ている部分より、あごの骨に埋まっている部分の方が一・五倍くらい長かった。

「すごいでしょ。これはすごい重要。中に埋もれている方が長いということは、これは使える牙ってことだよ」

動物Aがシマウマを追い込み、急所であるのど元をめがけて噛みついたとする。しかし、もし埋まっている部分が短ければ、牙はシマウマの筋肉に刺さったまま抜けてしまう恐れがある。牙で噛みつくのは加熱した柔らかい肉ではなく、つい先ほどまで走り回っていた動物の弾力がある筋肉だ。うまく噛みつけたとしても、その後に抜けてしまうような牙では使い物にならない。つまり、噛む能力を測るポイントは出ている長さより、むしろ頭蓋骨に埋まっている長さなのだ。

視覚では出ている部分の存在感が強すぎて、埋まっている部分には気付きにくい。触らないとなかなか実感できない特徴だ。

奥歯(臼歯《きゅうし》)は、先がとがっていて横から見ると三角形に近い形をしていた。ヒトの臼歯はでこぼこしているものの形としてはほぼ平らなので、ヒトと動物Aでは大きな違いがある。上あごと下あごを離してそれぞれ見てみると、上下のあごとも犬歯の隣から奥に向かって小臼歯が左右に三本ずつあり、さらにその奥に、より大きな大臼歯が三本ずつあった。生徒たちは、一通り観察し終えたところで、再び上下のあごを噛み合わせた。

武井先生と生徒たちとのやりとりが始まる。

「下あごの大臼歯とちょうど噛み合う上あごの歯は、どうなっていますか?」

「上の歯が外側にかぶさっている」

「そうだよね。じゃあ小臼歯の方はどうなっているの?」

「上下で互い違いになってるな」

「そうだよね。小臼歯のとがったところがずれて噛み合っているよね」

動物Aの場合、鋭くとがった小臼歯は上下でぶつからないように、あごを閉じた場合も互い違いになるように配置されていた。一方で大臼歯は、上あご側が下あご側に覆いかぶさるようになっており、上あごの大臼歯の内側と下あごの大臼歯の外側が擦れ合うように噛み合っていた。

「大臼歯みたいな道具が身近にあるんだけど、何だと思う?」

生徒たちはしばらく考えたが、すぐに思いつかないようで沈黙した。すると武井先生は、教卓の上にあったハサミを手に取り、生徒たち一人ずつの手を持って、指をハサミの刃の部分にゆっくり当てていった。

「つまり、この歯は万能バサミというわけだ。筋肉でも毛皮でも、何でもばっつんばっつん切れちゃうよね」

武井先生がそう言うと、「うわー」と生徒たちのやや控えめな悲鳴のような声が聞こえてきた。のど元に噛みついても抜けることのない、根のしっかりと張った牙。ハサミのように擦れ合って、肉も毛皮も切り裂く巨大な大臼歯。動物Aの輪郭が少しずつはっきりしてきた。

ここで二週目は終わった。

私も生徒たちと同じように、動物Aの正体を聞いていない。動物Aが何者なのか、私もかなり気になり始めていた。

動物Aの正体は？

「頭の後ろに変な出っ張りがある」

三週目は、北郷君のこんな発見から授業が始まった。

たしかに動物Aの後頭部には、モヒカン刈りの髪のように、下から上に突起が伸びていた。生徒たちが手で触って高さを確かめると、頭のてっぺんから後ろに向かうほど少しずつ高くなっており、最も出っ張ったところで高さ一センチほどの突起だった。人間の頭蓋骨にはないし、動物の頭にこんな突起があることを私は知らなかった。この突起の意味するところは、この時間の最後になって明らかになる。

生徒たちが触る様子を一通り確認し終わった武井先生は、教壇のあたりに戻って授業を仕切り直した。

「これまでの時間で、大事なところはだいたい見てきました。今日は動物Aがどんな生き方をしていたのかを考えていきます。そういうのを考察って言うの。考えて察するってこと」

武井先生は続ける。

「例えば動物Aは四足歩行とは言い切れないよ。だって今は頭蓋骨だけで足が付いてないから、分からないじゃん。だから頭蓋骨を触ってこういう事実があるから、四足歩行と考えられる、という言い方になります」

まずは、動物Ａの姿勢についての考察が始まった。

「動物Ａの歩き方が二足歩行か四足歩行かは、どこから分かるのかな？」

武井先生がそう訊くと、武井先生の質問が終わらないうちに生徒たちから「首の穴の向き」

「後ろ向きだったよ」と答えが返ってきた。

「その通り。四足歩行と考えられるということは、動物Ａはヒトではなさそうだねえ」

すると永井君が「ヒトはこんなに脳がちっちゃくないし」と言った。

これまでの観察で、脳が入っていたとみられる空間は、頭蓋骨の三分の一ほどを占めていると分かっていた。たしかにヒトに比べればその割合は小さいが、細長い二等辺三角形をした頭蓋骨を上から見ると、頂角部分の鼻先から後方に向けてしばらく直線的に広がっていくが、脳の空間がある部分では直線ではなく、外側に大きく膨らんでいる。つまり、比較的脳の発達した動物であることが推察される。

武井先生が、坂本君に尋ねた。

「脳が大きいとどうなるの？」

「頭がいい」

「そう、賢いんだね。脳の空間が大きいので、脳が発達していて賢いと考えられるということだね。じゃあ他には何が言えるのかな？」

考察はどんどん進んでいく。

「耳だ耳」

「耳の部屋が大きく膨らんでいるので、聴覚がいいと考えられる」

「あとバランス感覚も」

生徒たちは、考察の方法にだんだん慣れてきたようだ。

「いいねー」と武井先生は感心した様子で相槌を打った。

「よし次に行こう。あと優れていそうなものは何の感覚かな？」

「嗅覚」と小汐さんが言葉を発すると、また武井先生が「いいねー」と、さらに深く頷いて言った。

生徒たちが鼻の穴に指を突っ込んでみると、その先には空間があり、指が根本のあたりまで入っていった。内部には、中央に空間を二つに仕切るような骨があり、薄くて触るとぼろぼろとはがれそうなひだ状の骨もあった。

動物が鼻の穴から空気を吸い込んだとき、空気に含まれているにおいを発する分子は鼻の空間を行き渡り、その結果としてにおいを感じることができる。動物Aは鼻と口が前に突き出した形をしているので、鼻の空間はヒトと比べてかなり広い。つまり「鼻の空間が広いので、嗅覚が優れていると考えられる」ということだ。

次は眼球の大きさの議論になった。動物Aの眼球を囲む骨は十円玉程度の大きさだった。頭蓋骨が両の手のひらに収まるほどの大きさなので、目の大きさは頭全体からすると大きい。

さらに目の穴の方向は、私たちヒトほどではないが前向きだった。武井先生が説明を始めた。

「両目で見ると、前にあるものが立体的に見えるらしいの。つまり、目的物までの距離がだいたい分かるということね。サルは私たちと同じような顔をしているじゃない。木の枝をぴょーんと飛びながら渡っていくと、次の枝に行くときに距離が分からなかったらサルも木から落ちるでしょ。だから両目で見るということは、目的物までの距離を測る能力が優れているということ。そうしたら、その日はおまんまの食い上げです」

肉食動物だって飛びついても距離が足りなかったら逃げられちゃう。そうしたら、その日はおまんまの食い上げです」

さて最後は、動物Aが何食動物なのか判断する上で重要な、歯の考察だ。

動物Aには長さが三センチほどの立派な牙があった。いや、むしろ頭蓋骨に深さ四・五センチも埋まった牙があると言った方が適切なのかもしれない。

この牙で動物Aは、獲物ののど元をがぶっと一刺しする。そしてハサミのように上下で擦れ合う鋭い大臼歯を使って、毛皮や骨もひっくるめて肉を切り裂いていく。そういえば、たしかに韓国風焼き肉店では、骨付きカルビをハサミでばっつんばっつん切っている。生徒たちは、動物Aは肉食に違いないという意見で一致していた。

さらに肉食動物という予想を後押ししてくれたのが、今週の授業の冒頭で発見した、モヒカン刈りの髪のような頭蓋骨の突起だ。

せっかく立派な牙や大臼歯があっても、噛む力が弱ければ話にならない。噛む力は骨ではなく筋肉の発達具合で決まるはずだが、目の前にある頭蓋骨にはもちろん筋肉は付いていない。ただの骨だ。では、どこに噛みしめる力を考察するための事実があるのだろうか。

答えの一つは、頬骨の内側にあった。鼻からあごにむかって外側にせり出した頬骨の内側には、広い空間があった。生きていたときはここに分厚い筋肉があって、強く嚙みしめる力の原動力となっていたのだ。さらに下あごから後頭部に向けて指を進めていくと、骨の形からあごの筋肉が後頭部まで伸びていたであろうことも分かった。その下あごを強く動かすための筋肉を頭の後ろで固定していたのが、モヒカンのようなあの突起だったのだ。

二時間続きの授業は終わりにさしかかっていた。

短い休憩時間を挟んだものの、ずっと考えっぱなしの生徒たちはさすがに疲れてきたように見えた。ただしその表情はだるそうではなく、脳みそをフル稼働させた後の心地よい疲労感という感じだった。

あと残すは動物Aの正体だけだ。

これまでの生徒たちの観察内容と、観察に基づき導き出した考察を改めてまとめてみたい。

動物Aの頭蓋骨は両手に収まる程度の大きさで、鼻と口が前に突き出している。四本足で歩くとみられ、嗅覚と聴覚が発達し、視覚もなかなか優れていそうだ。特に目は前向きのため、前方の獲物との距離を正確に測れるとみられる。根本が頭蓋骨に深く埋まった牙で獲物をしとめ、鋭い大臼歯でハサミのように獲物の肉や毛皮を切り裂く。あごの力はかなり強い。脳の空間が頭全体の三分の一ほどを占めており、動物にしてはなかなか賢そうだ。

トラやヒョウじゃないかと生徒たちはイメージを膨らますが、なかなか動物Aが何か絞りきれないように見えた。

そこで武井先生がヒントを出した。「動物Aは身近な動物です。こういう動物触ったことあると思うけどな」

それを聞いた生徒たちは「ははーん」という顔をした。私もピンときた。

武井先生は尋ねた。

「さあ、動物Aは何だ？」

生徒たちは一斉に答えた。

「イヌー」

動物Aはイヌだった。正確に言うと、コヨーテというオオカミに近いイヌ科の動物だった。日本警察犬協会のホームページによると、一般的にイヌの嗅覚はヒトの一億倍まで感知でき、聴覚もヒトが聞き取れる周波数の範囲が十六〜二万ヘルツなのに対して、イヌは六十五〜五万ヘルツと、数倍高い音を聞き取ることができるらしい。お座りやお手を平然とこなす賢さについて説明はいらないだろう。イヌはオオカミが家畜化されたものと考えられており、肉食動物である。

頭蓋骨にある穴も突起も空間も膨らみも、すべてが生きていたときの姿を知るためのヒントになっていた。頭の骨だけなのに、しっかり触っていくと、生きていたときの動物の姿をこれだけ物語ってくれるのだ。これは目で見るだけではなかなか到達できない観察ではないだろうか。

授業が終わりにさしかかったとき、武井先生は生物室の裏にある準備室からトレイに入れられた複数の頭蓋骨を持ってきた。コヨーテ以外の種類のイヌや、同じイヌ科のオオカミやキツネ、タヌキなどの頭蓋骨だった。

オオカミの牙はコヨーテよりさらに長く鋭く、そして頭蓋骨により深く入り込んでいた。牙は出ている部分よりも、頭蓋骨に食い込んでぷっくり盛り上がった部分の方が明らかに強い存在感を放っていた。

さらに特徴的だったのは、後頭部にあるモヒカン刈りの髪のような突起が、コヨーテに比べるとずっと大きく盛り上がっていたことだ。オオカミの噛む力は相当なものなのだろう。野生のオオカミの獰猛さと迫力を十分に感じさせてくれるモヒカンであった。

それらの骨の中に、小ぶりで、思い切り握りしめればつぶれてしまいそうなほど薄い骨があった。ポメラニアンみたいな小型の愛玩犬の頭蓋骨だった。

頭蓋骨全体の大きさに比べて目の穴がひときわ大きく、脳の空間の割合も、コヨーテに比べるとずっと大きかった。噛む力を示す後頭部の突起はほとんどない。そして、歯の根本にはびっしりと歯槽膿漏の黒ずんだ跡が残っていた。

目が大きくて、どうやったら飼い主にかわいがってもらえるのか知っているほど頭が良く、あまり噛む必要のないペットフードばかりを食べていたのだろう。飼い主の胸元に大事そうに抱えられ、ウルウルとした瞳でこちらを見つめる愛玩犬の姿が思い浮かんだ。

武井先生の言う通り、骨はたしかに語っている。

四週目

授業は四週目に入った。

この日も一時間目の授業に間に合うように、午前八時半前には校門の前に着いた。生徒たちは、この時間にはすでに登校して教室に入っているようで、いつも玄関の辺りはがらんとしていた。筑波大附属視覚特別支援学校は、幼稚部、小学部、中学部、高等部、専攻科があり、私が授業を取材していた二〇一七年時点では、およそ百七十人の生徒が通っていた。日本で唯一の国立大学法人附属の盲学校だ。

設立の歴史は、一八七五（明治八）年にまで遡る。

この年、六人の有志が、盲教育を行う訓盲所を設立することを目的に「楽善会」を組織する。会頭は慶應義塾の初代塾長を務めた古川正雄。他の会員には洋画家の岸田劉生の父で、民間で発行された日本最初の邦字新聞「海外新聞」を創刊した岸田吟香、津田塾大学を創立した津田梅子の父で農学者の津田仙《せん》らがいた。翌年には、日本の工学教育を切り開いたとされる山尾庸三、日本近代郵政の父と呼ばれる前島密《ひそか》ら四人も加わった。

楽善会は当時の東京府から認可を受け、三千円の御下賜金を受けて、一八七九年に校舎を完成させた。その次の年には盲生が二人入学し、授業を始めることになった。日本で最初の盲学校は一八七八年に京都で開校しており、東京に開校したこの盲学校は全国で二番目だった。

当時の学校名は「楽善会訓盲院」だったが、一八八四年には耳が不自由な子どもたちのための教育も一緒に担う訓盲唖院となり、さらにその翌年には文部省直轄となった。一九〇九年には盲と唖が分離して東京盲学校となるなど、時代の流れとともに学校の形態や名称を変えていった。盲学校は戦前、義務教育には位置づけられてはいなかった。だが戦後、一九四七年の学校教育法の公布に伴い、その翌年に盲・ろう学校への就学が義務となり、一九五〇年に東京教育大学国立盲教育学校・同附属盲学校になる。戦後も名称の変更は続き、主なところでは一九七三年に東京教育大附属盲学校、東京教育大の閉校と筑波大の開学に伴って一九七八年には筑波大附属となり、二〇〇七年に現在の名称である筑波大附属視覚特別支援学校となった。

生徒は関東圏の出身者が多いが、全国各地から集まっている。学校の敷地内にある寄宿舎から通学している生徒は多い。私が取材をしていた中学部一年A組の生徒も、半分ほどが寄宿舎で生活していた。

この日、校舎の三階にある生物室に入ると、机の上に「動物B」の頭蓋骨が七個並んでいた。先週まで観察した「動物A」(コヨーテ)より一回り小ぶりだった。とはいえ、同じ種類の頭蓋骨が七個も並んでいるのは、それはそれでなかなか壮観である。

骨の授業では、基本的に骨は生徒一人につき一個が準備されている。しかし、動物の頭蓋骨を生徒の人数分だけ集めるのは簡単ではなく、武井先生は常にインターネットのサイトや教材カタログに目を光らせているという。骨格標本はほとんどが海外製で、しかも手ごろな値段ではなかなか売っていない。たまたまいい骨を見つけても、学校への予算申請が間に合わずに自腹で買ったこともあったらしい。

骨は時間がたつほどもろくなってくる。教材の骨の中には、四十年以上前にこの授業が始まったころからずっと使われている年代物もあり、全体的に黄色く変色していたり、外れた骨を針金で補修してあったりする。大切に扱うために、授業が始まる前、生徒たちは手を石けんできれいに洗うことになっている。

それでも授業で触っていると、骨の一部が折れたり、古くなった部分がぼろぼろと崩れたりする場面がときどきある。すると、「あーっ」とか「ありゃー」とか、武井先生の悲鳴に近い声が聞こえてくる。

でも武井先生はすぐに「いいの、いいの」と何事もなかったかのように授業を進めていく。触って学ぶ授業だから、壊れるのは仕方がない。それよりも、じっくり触らないことの方が問題というわけだ。

そんなことを考えているうちに、生徒たちが手洗いを終えて席に着き、授業が始まった。

触ってみる

実は、このころから私は少し焦りを感じ始めていた。

この授業の存在をひょんなことから知ったとき、漠然とこれは何かおもしろそうだと思った。当時の私をひきつけたのは、「骨を触って生物を学ぶ」と「四十年以上ずっと続いている」という二点だった。

授業に通い始めると、思っていた以上に授業の内容はユニークだった。教科書は使わないし、板書もない。二時間続きの授業中、生徒たちはずっと動物の頭蓋骨を触って、気付いたことを自由に言い合う。それら生徒の意見をもとに武井先生が授業を進め、動物が生きていたときの様子を生徒たちの発見をもとに考察していく。

そんな授業が世間にはほとんど知られることなく、東京のど真ん中にあるこの学校で、四十年以上もひっそりと引き継がれて来たということは驚きであった。

だが、それはあくまでも、盲学校で目の不自由な生徒たちが視覚を使わない独自の方法で生物を学んでいるということだった。この授業を語るのに、それだけではいけないのではないかと感じていた。

授業中、生徒たちはとても楽しそうだ。きっと二時間続きの授業は、あっという間に終わるような感覚なのだろう。学校の授業にありがちな、生徒たちが少ししらけたような雰囲気はまったくない。そんな生徒たちを見ていると、この授業にはもっと「学ぶ」ということについての根源的なものが潜んでいるのではないかと思い始めていた。

だが、当時の私にはそれが具体的に何なのかはよく分からなかった。だからもちろん、それを的確に言語化して文章にできるはずもない。

武井先生も生徒たちも生徒たちの保護者も、私が授業を継続して取材することを快く受け入れてくれていた。私は授業が始まると、いつも生物室の前方の隅に置いた角椅子に座り、授業の様子をじっと見ながらメモをとっていた。だが、このまま同じように取材を続けても、その〝潜んでいる〟ものが何なのか分からないままで、ただ授業の様子を紹介するという表面的な記事にしかならないのではないかと不安な気持ちが出始めた。

それは私自身、とても悔しいことだ。そして何より、取材に協力してくれた武井先生や生徒たちに申し訳ない。私の中で、プレッシャーが勝手にぷくぷくと膨れあがっていた。

そんな中で思いついた方法があった。生徒と一緒に私も骨を触ってみるということだった。生徒と同じ立場で授業を受けて、自らの手の触覚で発見を重ねることで私自身の内面に顕著な変化がみられ、その経験を詳細に記述することで、この授業のもっと深遠な部分に切り込めるのではないか。そんな思いだった。

だが骨がどれだけ貴重なものかは聞いていたので、ときどきは参考程度に触らせてもらうことはあっても、なかなか「武井先生、私も専用の骨がほしいです」とは言えないでいた。

そんなとき、生徒の一人が風邪をひいて授業を休んだ。休んでいる彼には大変申し訳なかったが、私はひそかにチャンスが回ってきたと思った。生徒と同じ立場になって骨を触れば、何か探し求めているものが舞い降りてくるのではないかと大いに期待した。

そんな思いを感じ取ってくれたのか、武井先生は授業が始まると、私の近くの机の端っこに余った頭蓋骨をそっと置いてくれた。先週まで触っていた「動物Ａ」(コヨーテ)の骨だった。今週から観察する「動物Ｂ」の前に、まずは前週までの復習をするためだった。

私は、立ち上がって両手で角椅子を持ち上げると、いそいそと机の前にまで移動させて置き直し、頭蓋骨に正対して座った。目をつぶり、背筋を伸ばして集中力を高め、意気込んで両手を伸ばした。

これで取材が新たなステージに進むはずだった。

しかし結果から言えば、私はすぐに触るのをやめた。というか、諦めた。諦めざるを得なかったと言った方がより正確なのかもしれない。

授業のスピードにまったくついていけなかったのだ。

最初に武井先生が「目の穴を触ってみて」と言ったので、他の生徒と同じように触ってみた。生徒たちは「十円玉くらいの大きさ」「前向きだけど少し斜め向き」など次々と発言していく。だが、私はそのスピードについていけない。たしかに私は両手の指先で骨を触っている。だがその感触がすぐに言葉にならない。我慢できず、すぐに目を開けてしまった。

私と生徒たちでは、指先の能力が明らかに違っていた。

生徒たちは、穴の大きさや方向まで正確に観察できる指先の能力を持っていた。それに比べれば、私の指先はただ物理的に骨に触れているだけだった。それまでは、本気になって触れば自分も生徒たちと同じように観察できると簡単に考えていたが、それは大きな間違いだった。

考えてみれば、触覚だけではない。ある視覚障害者を喫茶店で取材したときのことだった。彼は見えていないにもかかわらず、部屋全体の形や大きさを詳細に説明した。音の反響の違いや、耳で感じる空気の感覚で分かるのだという。私のように視覚に大きく依存している人間が目隠しをしても、視覚障害者と同じ感覚になるわけではない。つまり骨の授業も、視覚を中心にして学ぶ生物の単なる代替ではない、ということなのだろう。

私は再び立ち上がると、角椅子を持ち上げて教室前方の隅に置き直した。私自身の体験を通して、この授業の隠れた意味を探す試みは残念だが諦めることにした。この授業を深く知るには、授業の様子をじっくりと観察するしかないのだろう。

それ以降、生物室の隅っこに置いた角椅子が私の定位置になり、おかげでもう取材方法を迷うことはなくなった。

動物B、C、D

「かわいいー」

小汐さんが動物Bの頭蓋骨全体を両手で包むように触っていた。動物Aより小ぶりで、さらに骨の一本ずつが薄く、力を入れて触ると壊れそうだ。

「頭全体の大きさは?」と武井先生が訊くと、生徒たちから「ちっちゃい」という声が返ってきた。

「だめだよ、ただのちっちゃいじゃ」

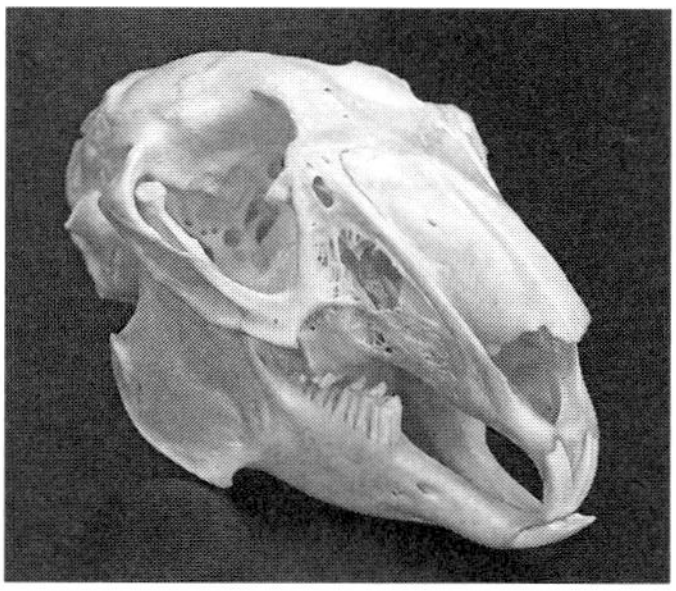

動物 B.

「うーん、握り拳よりちょっと大きい」

「なるほど、握り拳くらいの大きさって、なかなかいいじゃない。じゃあ、どんな形をしているの?」

「ええと、どちらかと言えば前後に細長いかな」

今日も骨を触る生徒たちと武井先生の掛け合いで、授業が進んでいく。

動物Aで頭蓋骨を触る上でのポイントを知った生徒たちは、次々と穴や空間に手を突っ込んでいった。首の穴はコヨーテとほぼ同じで斜め後ろ向きだったので、動物Bも四足歩行なのだろう。脳の空間は頭蓋骨全体の四分の一ほどで、コヨーテに比べると脳の割合はやや小さい。一方で、コヨーテの目の穴が斜め前向きだったのに対し、動物Bの目の穴はほぼ横を向いていた。生徒たちは「なるほど、視野が広いのか」とぶつぶつ言いながら触っている。

さらに動物Bは、耳があったとみられる場所の穴が真横よりやや後ろ向きになっており、その周辺の骨が筒状に出っ張っていた。斜め後ろ向きの立派な耳があったのだろう。

動物Bがコヨーテと比べて大きく違っていたのは歯だった。

この日は、小汐さんが絶好調だった。

上あごの前歯(門歯)を触っていたときのことだ。

「上あごの大きい二本の前歯の裏に、前側よりもちっちゃい歯が隠れている感じで二本ある」

この特徴は触らなければなかなか気付かない。動物Bは牙(犬歯)がなく、長い二本の前歯(門歯)が目立つ。だがよく見てみると、たしかにその裏に隠れるように小ぶりな別の二本の歯があり、上あごの前歯は前後で二列になっていた。一方で、下あごの前歯は二列になっていない。そして、上下のあごには、コヨーテのような立派な牙はなかった。

さらに、動物Bの上あごと下あごを噛み合わせようとしても、うまく噛み合わない。右の上下の奥歯を合わせると、左側がずれてしまう。そんな奥歯をどうやって使うのか。

すると「勘の北郷」こと北郷君が「すってんじゃねえ?」と一言。

「そうだよ、その通りだよ」

武井先生は、すかさず大きな声で反応した。

大きな前歯で餌を噛み切り、奥歯を左右に擦り合わせて餌をすりつぶす姿が、みんなの頭に浮かび上がってきたようだ。生徒たちは奥歯の特徴を「左右同時には噛み合わない」と表現することにした。

動物Ｂは四足歩行で、脳の大きさから考えるとコヨーテほどは賢くなさそうだ。目は横向きということは、視野は広いが、対象との遠近感はあまりつかめないのかもしれない。「周りを広く見ている動物」と小汐さんが言った。すると山下君が、両目で見ると遠近感が出るということを思い出して、「こいつが食べるものは動かないものか」と続けた。さらに北郷君が「距離感とか必要ないからな」と言った。

歯はすりつぶし型で草食動物とみられる。そして、斜め後ろ向きに発達した耳がある。武井先生が答えを言う前に、すでに生徒たちは動物Ｂの正体が分かったようだった。

動物Ｂはウサギだった。

この日は前半に復習の時間があった上に、途中で歯科検診があって授業がしばらく中断したのだが、一時間程度で動物Ｂの正体を突き止めることができた。動物Ａ（コヨーテ）の観察には六時間もかかったことを考えると、かなりスピードアップした。

武井先生によると「動物Ａの観察をしっかりやったので、見るための基本ができた」からだという。たしかに、授業が始まると生徒たちは自分たちで次々と観察して言葉にしていくので、武井先生が「まずはどれか一つにしよう」と、とどめる場面があったほどだった。

授業はさらに進む。

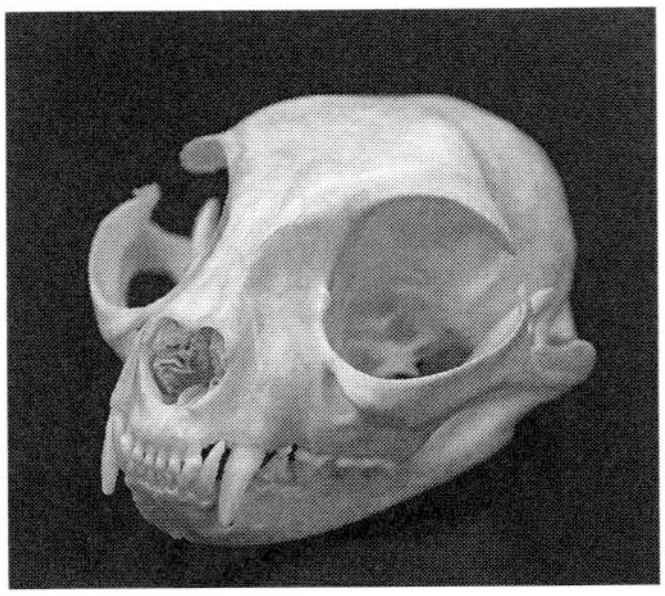
動物 C.

三番目に登場した動物Cはネコだった。大人のこぶし大の丸っこい形の頭蓋骨で骨が薄い。コヨーテほど鼻の骨が前に突き出してはいないが、脳の空間の割合はコヨーテより大きい。さらに頭全体からすると目の穴が大きかった。頭蓋骨に深く入り込んだ牙があり、大臼歯は上下で擦れ合っていた。

そして最も印象的だったのは、耳の穴の周りの骨がコヨーテよりずっと大きく膨れていたことだ。これだけ耳が発達してバランス感覚が優れているから、わずかな幅の塀の上をこともなげに歩けるのだろう。身軽で賢く目が大きい。ネコの印象そのままの頭蓋骨だった。

その次の週に観察した動物Dの頭蓋骨は、私たちヒトに近い形をしていた。机の上に骨が並ぶと、生徒たちが少しざわついた。

「何か人間っぽい……」

「とうとうホンモノが来たんじゃないのか」

誰かが「もしかしてネアンデルタール人か」と冗談っぽく言うと、すかさず武井先生が「そんな骨格標本は買えません」と突っ込みを入れた。

しばらく触った後、坂本君が特徴を説明してくれた。坂本君はおっとりとした雰囲気で、触ることが上手な上に説明も得意だ。

「頭の大きさは片手の手のひらに載るくらい。目は前向き。頭全体のうち、脳の部分が二分の一を占めている」

坂本君の発表を武井先生はうなずきながら聞いていた。

「おお、いい表現ですね」とうれしそうだ。

今までのイヌやウサギとは違い、鼻よりもあごの骨が前に突き出し、上下の奥歯がしっかりと噛み合っていた。目が前向きなので遠近感をつかみやすい。脳の部分の割合が頭蓋骨全体の二分の一もあれば、動物としては相当賢いのだろう。

「頬骨があまり張り出していないです」

「後頭部の突起がないな」

「耳の部屋の膨らみがイヌより小さい」

もはや武井先生が何も尋ねなくても、生徒たちは勝手に観察して発見したことを口にしていくようになっている。

動物Dの頭蓋骨のいくつかには、立派な牙がついていた。武井先生によると雄だけに牙があるらしい。

すると、またも「勘の北郷」が本領を発揮した。

「この牙は役に立つと思えないんだよな。奥に入っていない」

これにはさすがの武井先生も「すごいね。これも触らないと分からないんだよね」と驚いていた。

動物Dにはたしかに立派な牙がついているが、コヨーテやネコのようにあごの骨の奥にまで入

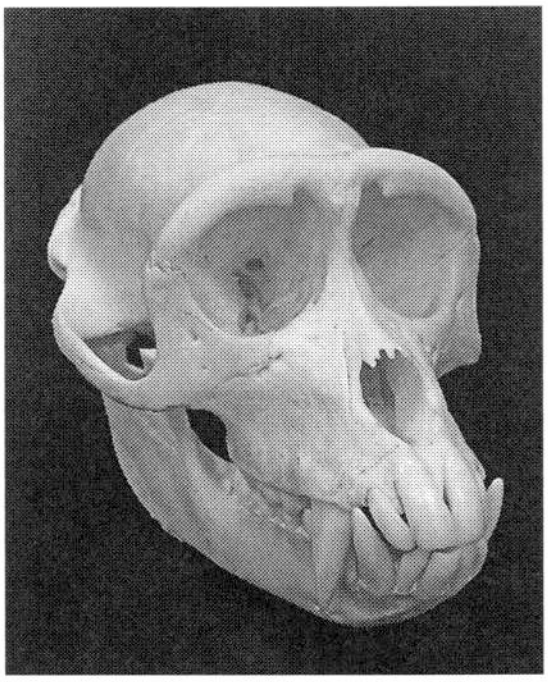

動物 D.

り込んでいない。こんな付け根が浅い牙では、相手に強く噛みついても抜けてしまう可能性がある。「見た目だけじゃん」「最初は、ちょっとこいつ危ないって思うかも」と生徒たちは盛り上がっていた。

牙が見かけ倒しの動物Dの正体はサルだった。

動物園のサル山で、ニホンザル同士が牙をむき出しにして威嚇し合っている様子を見たことがある。相手に噛みついて致命傷を与えるには十分な鋭さに見えたサルのあの牙が、ケンカ相手に手傷を負わせる程度のもので、実は見かけ倒しだったとは、サルを見る目が少し変わる観察結果である。

ここでチャイムが鳴り、この週の授業が終わった。

骨を触る観察はたしかに時間がかかる。だが、じっくりと触って骨の特徴をよく考えれば、動物が生きていたときの様子や、視覚では感じられない生き物の姿を思い描くことができる。

しかし、私が授業で目をつぶって試したように、ちょっと触っただけでは、とてもその境地に到達できない。普段、私がものを触っているよりも、もっと高い次元での触覚を使ってこの授業は進められているのだ。

このことは、私がこの授業を取材する上で気付いた重要なポイントのような気がしていた。教室の隅っこに置いた角椅子に座って授業の様子を見つめながら、私のテンションは確実に上がっていた。

ふと気が付くと授業は終わろうとしており、生徒たちは最後の片付けをしながら雑談をしていた。私が考え込んでいる横で、男子たちは体育で着た体操服を持ち帰るのを忘れた経験を自慢し合って盛り上がり、女子たちがあきれかえった表情でその様子をながめていた。いつの時代も、中学生の男子は変わらないものである。

授業に通い始めて一カ月半がたっていた。このときの私は取材を始めて以降、はじめて少しだけ手応えを感じていた。

そこで、今回の取材で知り合った、生まれながらに全盲の男性と焼き鳥屋のカウンターに並んで一杯やったとき、私なりのこの発見をぶつけてみた。煙が充満した満席の店内は賑やかで声はとおりにくかったが、一連の授業の流れと発見に至った経緯をひとしきり語った。彼は焼酎ロックのグラスを片手に、私の話を黙って聞くと言った。

「そりゃ僕だっていきなり明日から目が見えても、きっと誰が美人か見分けられないよ」

そんなの当たり前じゃん、という心の声が今にも聞こえてきそうな、とてもあっさりとした口調だった。私は勝手に盛り上がっていた自分が少し恥ずかしくなって、目の前にあったハイボールを一気に飲みほした。

もしかすると私は、この授業について考える上で、視覚と触覚の違い、もっと言えば目を使わずに学ぶという側面にとらわれすぎているのかもしれない。残念ながら、私はまだまだこの授業の本質に近付けていないようだ。

それに気付くのは、もう少し後になってからだった。

コラム

日本の盲教育の歴史

中世期の日本では、琵琶の演奏に合わせて平曲を語る盲人(琵琶法師)たちが、西洋のギルドのような職能団体である「当道座」を結成した。男性のみが所属し、鍼灸やあんまに従事する盲人たちも加わっていった。江戸時代になると、当道座は幕府から自治権を認められ、金貸し業を営むほど富を得る者も現れる。鍼灸師として、幕府に登用された盲人もいた。その中の一人である全盲の杉山和一は、一六八三年ごろに鍼治講習所を開設。教科書を作り、実技指導もして、盲人らに鍼などを教えた。だが明治時代に入ると、新政府は当道座を廃止し、鍼治講習所も閉鎖されてしまった。

一方で、明治になると、啓蒙思想家を始め、各地の医師や教育者らによって、西洋の盲学校についての情報が紹介されるようになる。日本で最初の近代的盲学校は、一八七八(明治一一)年に設立された「京都盲唖院」(現在の京都府立盲学校)とされる。翌々年には「楽善会訓盲院」(現在の筑波大学附属視覚特別支援学校)が授業を開始するなど、明治から大正にかけて全国各地で盲学校が設立された。鍼灸、音曲だけでなく、普通教科教育も展開された。ただし、本格的な義務教育には位置づけられておらず、視覚障害者の就学率は決して高くなかったという。

かつては視覚障害者が学ぶ盲院(現在の盲学校)と、聴覚障害者が学ぶ唖《あ》院《いん》(唖は言語障害の意味、現在のろう学校)が一緒になっているケースが多かった。しかし両者は学ぶ方法などが大きく異なるため、分離を求める現場の意見は多く、徐々に分離していくことになる。盲学校が義務教育機関として完成していくのは、戦後の一九四八(昭和二三)年になってからだった。

その後は全国各地でこの体制が続いたが、二〇〇七(平成一九)年に盲学校、ろう学校、養護学校が法令上一本化されて、特別支援学校に位置づけられた。そのため法令上、盲学校は視覚障害教育を行う特別支援学校となった。筑波大附属視覚特別支援学校のように名称を変えた学校もあるが、二〇一八(平成三〇)年四月の時点で、全国にある六七校のうち、約六割の学校は盲学校というなじみのある名称をそのまま使っている。

盲学校の在籍者数の推移

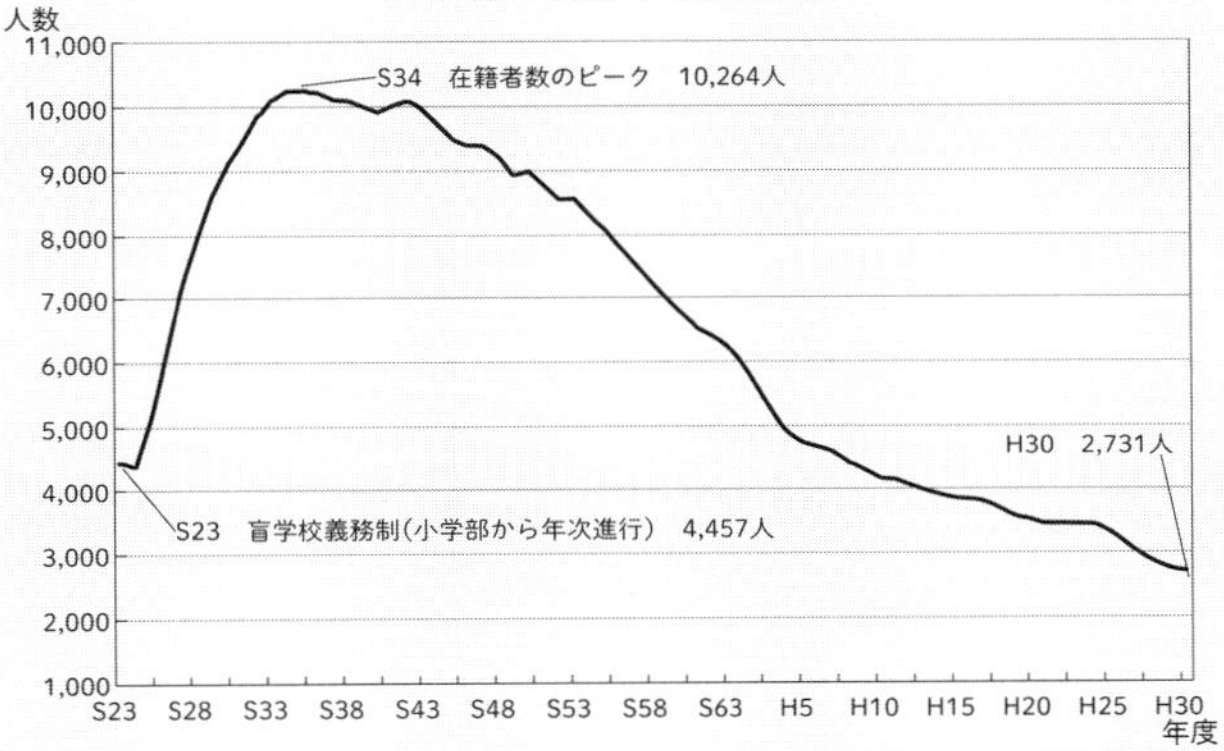

文部科学省調査・全国盲学校長会調査

コラム

盲学校の現状

盲学校（視覚特別支援学校）には、主として点字で学ぶ「盲」の児童・生徒と、墨字《すみじ》（一般の文字）で学ぶ「弱視」の児童・生徒が在籍している。

二〇一八（平成三〇）年四月現在、全国には六七校の盲学校がある。国立大学法人の附属は筑波大学附属視覚特別支援学校の一校で、都道府県立が六三校、市立は横浜市と神戸市の二校、私立は学校法人横浜訓盲学院（横浜市）の一校だけだ。多くの学校は幼稚部、小学部、中学部、高等部、職業教育などをする高等部専攻科を設置しているが、高等部のみや中学部までの学校もある。

盲学校の義務制は、一九四八（昭和二三）年に小学部からの年次進行で開始され、一九五六（昭和三一）年に完成した。

かつて高等部は理療《りりょう》などの職業教育が主流だったが、現在は全国の盲学校の高等部に普通科が設置されている。小学部から高等部普通科までの教科教育の内容は、一般の小学、中学、高校と基本的には同じだ。

全国の盲学校の在籍者数は、年々減少している。一九五九（昭和三四）年の一万二六四人をピークに減少傾向は続いており、二〇一六(平成二八)年には初めて三〇〇〇人を下回り、二〇一八年には二七三一人まで減った(図)。学校別でみると、全校生徒数が三九人以下の学校が全体の六割近くを占め、一九人以下という学校も一一校ある。一方で、生徒数が一〇〇人を超える比較的大規模な学校は三校だけだ。

背景には、全国的な少子化に加え、医療技術の進歩により、乳幼児期の失明が格段に少なくなったことがある。さらに、障害のある子どもが支援を受けながら、地域の学校の普通学級で障害のない子どもと共に学ぶ「インクルーシブ教育」が広がってきた影響もある。現在の盲学校は、地域の視覚障害教育の拠点校と位置づけられ、視覚障害の子どもが在籍する地域の学校に教員が出向いて、子どもや教職員の相談に対応するなどの支援をしている。

盲学校では生徒数の減少により、教員の数も減少傾向にある。さらに多くが公立学校であるため、数年ごとの異動が伴う。そのため、教員の専門性が育たないという問題もあるという。

南極でペンギンを抱く
青柳昌宏先生.

じっくり触る授業ができた
当時を振り返る鳥山由子先生.

第二章
授業をつくった教師たち

ペンギン博士・青柳昌宏先生

一羽のアデリーペンギンが、お腹いっぱいに餌を蓄えて海から帰り着いた。数十メートルほど先の丘の上にある集団営巣地(ルッカリー)で、待ち構えていたパートナーのペンギンと向き合うと、互いに上半身を後方にのけぞらせ、首を左右に振りながら鳴き始めた。

「ケケケケケ、ケケケケケ、ケケケケケ」

近くでは、別のつがいが羽毛を逆立てて、違った鳴き声を交わしている。

「ンガ、ンガ、ンガ、ンガ、ンガ、ガガガガガ、ガガガガガアー」

よく聞いてみると、同じような鳴き声でも個体によって音の高低や間隔が異なるようだった。ペンギンたちはひとしきりあいさつを交わすと、巣の内と外で入れかわり、再び同じやかましいあいさつを始めた。

一九七二年一月初旬、南極大陸にある日の出岬。南極では夏の白夜の時期で暗くならないとはいえ、気温は氷点下まで冷え込む。寒風が吹きすさぶ中、スポーツシャツの上にジャンパーを着込み、その上からさらにヤッケを羽織って、巣の近くにある岩の上に一人で座り込み、ノートに何かを記している男がいた。

第十三次南極地域観測隊の生物担当隊員、青柳《あおやなぎ》昌宏(一九三四〜九八)。彼こそ、筑波大学附属視覚特別支援学校で今も続く「骨の授業」を考案した人物だ。

当時、前身である東京教育大学附属盲学校の生物教師で、学校の先生としては初めて南極地域観測隊の隊員に選ばれた。

青柳先生が取り組んでいたのは、ペンギンの様子を二十四時間連続で記録するという前例のない過酷な観察だった。

「動物の生活を知るために、まずはその動物と一昼夜付き合ってみて、一日の生活を見たい」

青柳先生はそう考えていた。そのために、ペンギンの生活を乱さないように、近くに座ってじっと見るという方法を決めたのだった。

アデリーペンギンは厳しい冬をはるか沖合の浮氷帯で過ごし、十月末にルッカリーに戻ってくる。巣作りをして十一月ごろには産卵し、ヒナが大きくなる翌年の一月中旬まで子育てをして、また海に旅立っていく。

ルッカリーには、親鳥がくちばしでくわえて集めた小石を丸く敷き詰めた巣が、ほぼ等間隔の隙間を空けて百以上あり、ヒナを加えれば二百羽以上のペンギンがいた。すでにヒナを育てているつがいの巣では、ヒナが下を向いた親鳥の口の中に顔を突っ込み、餌を食べていた。ペンギンのつがいは、ほぼ一日交代で海に餌を捕りにいく役と、巣でヒナや卵を守る役をしていた。

当初の予想に反してペンギンたちは昼夜関係なくばらばらに眠り、起きて、餌取りに出かけて帰ってくる。そのうち、あるペンギンが青柳先生の伸ばしていた足の上を歩いていった。「とうとう僕も岩になれたか」と感慨深かった。

青柳先生は帰国後も、教員としての仕事の合間にペンギンの研究を続けて、いくつも英語で論文を発表した。研究のために南極をさらに二度訪れ、さまざまな種類のペンギンの調査のためにエクアドルや南アフリカなどにも行き、ペンギンについての著書を多く出版した。周囲からは「ペンギン博士」と呼ばれ、日本のペンギン研究の中心人物となっていった。

さらに一九八六年には、「ペンギン基金」を設立。定期的に基金のメンバーらがペンギングッズを持ち寄ってオークションを開き、その収益から一件あたり五万円を国内外で野生のペンギンの研究や保護活動をしている研究者や団体に贈った。青柳先生が亡くなった後も運営は仲間に引き継がれ、二〇一六年に設立から三十年を迎えて、これまでの寄付額は一千万円近くになっているという。亡くなってからも、ペンギンの愛好家の間で青柳先生はカリスマ的な人気がある。

一方で、日本の自然保護教育の担い手としての顔もあった。

一九七〇年代前半、公害教育の側面が強調されていた環境教育に自然保護の考え方を取り入れる必要性を訴え、一九七八年に仲間と一緒に日本自然保護協会で自然観察指導員の制度を作り上げた。その後の四十年間で指導員養成講習会の受講者は全国で三万人を超え、自然保護教育の底上げにつながっている。協会の事務局長や理事も務めて全国を講演して回り、参加者たちと一緒に自然を観察し、その世界にも多くの足跡を残した。

テレビ朝日系列のトーク番組「徹子の部屋」でペンギンの話をしたり、NHKのネイチャー番組「ウォッチング」に出演して司会のタモリと軽妙なトークを繰り広げたりするなど、メディア出演も多かった。

だが、ここではペンギン研究者でも自然保護教育の担い手でもなく、「学校の先生」としての青柳昌宏を振り返っていきたい。
それはそのまま、かつて視覚障害者にとって学ぶことが最も難しいとされていた理科の生物が、いかに学べるようになっていったのかという物語でもあるからだ。

生物教師への道

青柳先生は、一九三四年に東京・赤坂で生まれた。戦局が悪化した小学生のとき、親類のいる和歌山県の山あいの粉河《こかわ》町（現・紀《き》の川《かわ》市）に疎開する。子どものころから体が弱かった上に疎開先の生活になじめず、学校ではひとりぼっちのことが多くて不登校の時期もあったという。中学校は半分ほどしか出席していない。

そんな青柳少年を救ったのは、紀州の豊かな自然の中で多種多様に生きる昆虫たちだった。中学時代、ヤツデに集まるハエやハチを待ち構えるオオカマキリを一日中見ていた。高校に入ると徐々に体力がついて休まずに学校に通えるようになり、学校では生物部に入部した。バスケットシューズを履いた足にゲートルを巻き、自作の虫取りネットを持って山に入って、昆虫の観察を続けた。

当時、すでに昆虫についての知識や観察能力には目を見張るものがあったようだ。一九四九年に、十五歳で「ミンミンゼミの紀北地方における分布について」という初めての小論文を雑誌「新昆虫」（北隆館）に発表する。そして、その後も毎年十本を超える小論文の発表をしていった。

特に「ツマグロヒョウモン」というチョウの観察は、数年にわたって続けられた。高校時代に

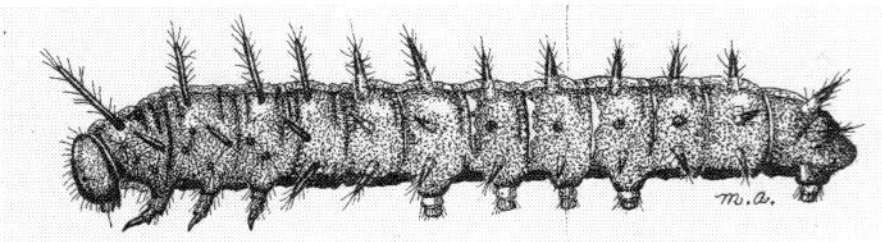

青柳先生が高校生のときに描いたツマグロヒョウモンの幼虫のスケッチ．表面の模様や細かい毛まで，詳細に手描きされている．

発表した「ツマグロヒョウモンの生活史」（一九五一年、「紀州昆虫」）という小論文では、チョウが集まる花の種類が十三種類あること、産卵の行われる時間帯はだいたい午前十時から午後三時までの間であり、必ず食草の芽生えの裏であること、そして幼虫が蛹になるまでの大きさ、形、色の変化、毛の本数までをスケッチとともに詳細に記述している。

全国の昆虫少年たちと文通を交わす「虫友《むしとも》」になり、刺激を受けながら貪欲に知識を広げていった。当時の昆虫愛好家の中では、名の知れた存在だったようだ。

「『じっと見ていれば、見えてくるものがある』ということを信じてぼくは生きている」

青柳先生は生前、著書でこう記していた。南極でペンギンを二十四時間見続けた態度は、少年時代に培われたものだった。

青柳先生は和歌山県の高校を卒業後、東京教育大（現・筑波大）農学部に進学した。そのまま大学に残って研究者になることも考えたが、学校の教師という道を選んだ。「研究者の道と、教育者の道との選択に悩んだ末、自分の能力と個性を考えて、高校の生物の教師になることに決めた」と当時の心境を書き残している。教師になることに決めると、青柳先生は生物をより学ぶ必要があると考えて東京教育大の理学部に入り直し、動物学を専攻した。

当時の理学部の学生たちによる文集が残っており、そこに青柳先生は自らが選ぼうとしている教師という職業への考え方を寄せていた。

「ぼくは生物の教師の先ず満たさるべき第一の条件は自分たちの身のまわりの自然をよく知っていることだと思う。（中略）教室の窓ガラスでアゲハがばたばたしているのに、知らん顔で遺伝の講義をしているような生物教師は落第だと思う。その蝶の名を教え、ぼくたちのミカンの害虫であることを話し、窓を開けて逃がしてやるのにどれ程の時間がかかるだろう。ぼくはその意味でも、自分自身十分知りつくしている山野にかこまれた自分の田舎で教師になりたいと思っている」

一方で、当時抱えていた複雑な思いを率直に記した一文もあった。

「最近自ら選んだ生物の教師という職業について、今までより一層真面目に考える時間が多く、教師になって一生紀州の田舎に暮らすんだということを、段々はっきり自覚するにつけても、もっと教師という職業が、優秀な青年の進んで入っていける、経済的にも社会的にも高く裏づけられたものにならないものかと心から残念に思う。（中略）（教師という仕事が）やりがいのある、何よりも自分の個性と健康に合ったことだという確信が持てれば持てるほど、そういった不満がどうしてもふっきれないままに今のぼくにはある」（カッコ内は筆者が補足）

当時、公立学校の教師の給与は決して高いものではなかった。それゆえに、優秀な学生が教職に興味があったとしても、民間企業に進んでしまうことがあった。「でもしか先生」という言葉が使われていた時代だ。いい先生になりたいと思えば思うほど、自らが考える仕事のやりがいや意義と、その仕事に対する社会的な評価とのギャップの大きさに悩んでしまう、そんな心情ではなかっただろうか。

理学部を卒業すると、和歌山県の公立中学に二年勤め、その後、和歌山県立那賀高校の生物教師になった。青柳先生は教師になって最初の約十年間をのちに、三つの時代に分けて振り返っている。

最初の四年間は「無我夢中時代」だ。教科書の内容を徹底的に調べ、きれいな板書をするために原稿を作るだけでなく、字の練習までしたという。

「理解していることは洗いざらい生徒に与えてしまわないと不安で、自分の持っている知識を伝えること自体に喜びがあった」

そのように、当時の心境を書き残している。自分のやっていた授業は「講義」ではなく「まるで研究発表だった」と評価していた。

次の四年間は「自己満足時代」だという。教科書の内容だけでなく、自らの自然観や生物学的な哲学などを自然と講義に盛り込めるようになった。一方で、自らの話術に酔ってしまい、一方通行で生徒が完全に受け身になり、授業中に質問は出ない。そんなとき、ふと思った。

「自分の授業自体、生徒の自主性伸長のブレーキになっているのではないか」

最後に訪れたのが「生徒中心時代」だった。生徒から質問が出ないのは、自分がべらべらしゃべりすぎて意欲を奪ってしまっているからだと思った。そこで、授業のスタイルをかなり大胆に変えた。

まず授業前に生徒が予習をしてくることに決め、授業前にノートを確認する。そして板書をあえて不親切にした。授業は生徒の質問形式にして、生徒はそれぞれの質問内容を取捨選択しながら、自らのノートをまとめていく。何となく教室全体がざわついても良いことにした。青柳先生は、生徒がお互いに質問しながら授業を進めていく様子を教室の後ろから見ていて思った。

「自分がべらべらまくしたてた昔と、今のどちらが本当の生徒にとっての授業なのだろう」

そしてある結論に達する。

「生徒にとって理想的な授業とは、自己の個性と能力を自発的に開発伸長していく整備された場である」

その後に自身が作り上げる、盲学校の生物の授業につながる考えだった。

一方で当時の生徒たちにとって青柳先生のイメージは、いつも茶色のスーツを着こなし、革製のかばんを手に背筋を伸ばしてさっそうと歩くスマートな先生だった。

生物の知識や自然に対する深い洞察には、際だったものがあったようだ。青柳先生が亡くなった後、教え子たちがつくった追悼文集を開いてみる。

課外活動で出かけた高野山の山道で「ポポ、ポポ」と鳥の鳴き声がした。生徒が青柳先生に「何の鳥ですか?」と訊くと、「ツツドリ。こっちで鳴いているのがヨタカ」と即座に答えて生徒たちを驚かせた。

当時出版されたばかりだったレイチェル・カーソンの『沈黙の春』を授業でいち早く取り上げたこともあったし、「なぜ生物を学ぶのか」を授業で生徒たちと一緒に考えたこともあったという。

県立那賀高校では、生物部の活動に力を入れた。部の研究成果は全国的なコンクールである日本学生科学賞で何度も入賞した。地方の一教員でありながらその存在は光を放ち、生物教育の世界では全国的に有名になっていった。

そんなとき、青柳先生の人生にとっても、視覚障害者の生物教育にとっても、大きな転機が訪れる。東京教育大附属盲学校への赴任を打診されたのだ。

戦前には盲学校での理科の実験や観察は不可能と考えられていたが、戦後になると、理科の中でも物理と化学の教育方法は大きく変わりつつあった。一九六〇年に開催された全国盲教育研究大会の理科分科会では、九つの発表のうち六つが実験方法の具体例や器具の開発についての紹介だったほど、改善に向けた動きが活発になっていた。

また一九六一年には、かつてロンドン大学で自然科学教育の講義を担当していたA・ウェクスラー氏が、視覚障害者のための理科の実験方法について、著書「*Experimental Science for the Blind*」にまとめて出版した。主に物理について、手書きの図版付きで器具や方法を具体的に示した内容だった。出版後すぐに、盲学校の教員らで組織する「関東地区盲学校理科教育研究会」のメンバーが、書店の洋書コーナーでこの本を見つけ、自分たちで翻訳し、その内容を手書きのプリントにまとめて研究会などで配った。

さらに教員たちは、ウェクスラー夫妻を日本に招こうと考え、財界を訪ね歩いて資金を集め、渡航費として当時の金額で約八十万円を用意した。六四年に来日した氏は東京と京都で講演した。

それら一連の動きが起爆剤となり、六七年に物理と化学を中心とした盲学校の理科指導書が初めて作られるまでになった。図版を使って具体的な実験方法が説明されており、物理と化学の指導法は急速に改善されていった。

一方で生物は取り残されていた。顕微鏡などによる観察が中心の生物は、視覚障害者にとってハードルが高かった。日本だけでなく国際的に見ても、実験法や教え方はほとんど手つかずのままだった。

そこで東京教育大附属盲学校で化学を担当していた教師が、当時は東京教育大の教授だった下泉重吉氏（一九〇一〜七五）のもとへ行き、誰か優秀な生物教師を紹介してほしいと頼んだ。のちに都留文科大学長も務める下泉氏は、生物教育界の重鎮であった。下泉氏は、東京教育大出身で以前からよく知っている上に、和歌山の県立高校教員として実績を挙げていた青柳先生に声をかけた。

さらに下泉氏は青柳先生に、南極地域観測隊への参加についても話をした。国立である盲学校に所属すれば、基本的には大学などの研究者にしか門戸が開かれていない南極地域観測隊員になれる可能性がある。

青柳先生は当時、特別に盲学校の教育に関心があったわけではなかった。一方で世界の自然を自分の目でじっくりと見たいという思いは強かった。

和歌山を離れ、東京に行くことを決めた。

地面に置いた木の枠の中にある植物を観察する授業風景.

盲学校へ

「実物や写真や図に頼って視覚的授業を進めてきた生物教師が、視覚のない生徒を前にして感じたのは、いったい生物教育の本質は何なのだという、ふだんなおざりにしがちであった問題だった」

七〇年に東京教育大附属盲学校に赴任した青柳先生は、当時の気持ちをこう書き残している。当初は点字がおぼつかず、毎日が試行錯誤だったようだ。

だが、豊富な生物の知識に裏付けられた授業は、当時の生徒たちの記憶にも鮮明に残っている。青柳先生が赴任したとき、中学部の生徒だった半田(旧姓・草山)こづえさんは、「生物の授業が大好きだった」と懐かしむ。

生物の授業で、クラスのみんなで校庭に行き、植物の観察をしたことがあった。縦五十センチメートル、横一メートルの四角形の木枠を地面に置き、その中にある植物を手で触って分類した。この範囲であれば地面にしゃがんだままでも手が届く。葉の形、生え方、硬さなど、青柳先生は観察のポイントは教えてくれるが、植物名は教えず、じっと生徒の様子を見ていたという。

「背の高い植物の葉は軟らかくて元気なのに、日の当たらない下の葉っぱは硬かった。植物の世界って、こうやって広がっていくんだなって思いました」

半田さんは卒業して四十年以上たっても、授業を受けたときの様子をよく覚えている。

許可を得て、南極から持ち帰ったペンギンの標本を使ったこともあった。お腹を何かにかじられたようなペンギンを生徒たちに触らせながら、ペンギンの歩き方、餌の取り方、さらには南極での動物たちの捕食の関係などを、現地での体験を交えて話した。ペンギンを触ることができた生徒たちは大喜びだった。

「難しい話もあったけど、誠実に探究する人生って素晴らしいと中学生ながら思いました」

また青柳先生は、一般の学校の生物の授業では定番だった浸透圧の実験にも挑戦した。その方法は、生卵の卵殻を半分だけ塩酸で溶かし、その下の卵殻膜から水が浸透する様子を指先で観察するというものだった。

水が浸透しきった後で、膜を針で刺して、噴水のように飛び出した水を手のひらや頬で受けて感じた。塩酸で卵殻を溶かすのは生徒自身がやった。塩酸で指先がすべすべになってしまうことがあったが、卵殻が溶けて激しく発泡する音が聞こえ、指先に泡が付くのを感じることができた。

このように、じっくり触る観察や実験を多く取り入れながら、低音のバリトンでゆっくりと生物の奥深さを話してくれる授業は、生徒たちに人気だったという。

一方で青柳先生にとっても、目の見えない生徒たちが手で触って自然を理解していく姿は衝撃的な経験だった。青柳先生は盲学校に赴任してからの驚きを、講演会で次のように話したことがある。

「彼らの見方というのは、非常に個性的だったんです。私にとって。彼らはそれが当たり前なんです。私から見て個性的であって、それを肯定的にとらえることから、きっと私自身の自然観察の仕方が変わってくるかもしれないと思ったんです」

青柳先生は、視覚を使わないことでむしろ本質に近付けるのではないかと考えていた。そして、視覚障害者が生物を深く学ぶことに可能性を感じ始めていた。

そんなとき、東京教育大附属盲学校を一人の若い女性教員が訪れた。将来、盲学校の理科教育の中心を担うことになる女性だ。

青柳先生はそれをきっかけに、新しい授業を作っていこうと考えた。

それは自身がずっと大切にしてきた「じっと見る」ことをベースにした、過去に例のない授業だった。

鳥山由子先生

「僕は本気で盲学校の生物の授業を作ってみたいんだ」

一九七五年春、東京教育大附属盲学校の一室で、青柳先生は熱っぽく語り始めた。

相手は鳥山由子《よしこ》先生。当時三十一歳だった。

この年、それまで働いていた愛知県立岡崎盲学校をやめて、大学卒業までを過ごした東京に戻ることにしていた。ちょうど第二子の出産をその夏に控えていたため、一年間は採用試験を受けずに、かつて教育実習をした東京教育大附属盲学校で授業の見学をしたいと考えていた。

一九四四年に旧満州で生まれた鳥山先生は、三歳のときに日本に引き揚げて東京で育った。小学生のころから、漠然と将来は学校の先生になりたいと思っていた。あるとき、目の不自由な子どもが通う盲学校があると知り、見えずに学ぶのはとても大変なことのように感じた。そういう生徒たちに教えられる先生になりたいと思い、東京教育大学教育学部の特殊教育学科に進学した。

同じ学科の約二十人の同級生の中で、視覚障害教育を目指す学生はごくわずかだった。さらに鳥山先生は高校時代から化学が得意だったので、特殊教育学科の学生としては珍しく中学・高校の理科の教員免許も取得した。だが、盲学校の先生になりたいという思いで大学に入ったものの、盲学校でどんな理科の授業をしているかを具体的に考えたことはなかったし、実際にほとんど何も知らなかった。

だから、卒業間際に教育実習へ行ってびっくりした。

その年は、ウェクスラー氏が来日した二年後で、盲学校はこれから理科教育を変えていくのだという高揚感であふれていた。理科の免許を持っていて盲学校を志望するという珍しい教育実習生が来たので、理科の教員たちが入れ替わり立ち替わり熱心に指導してくれた。

さらに化学室に行くと、生徒たちが自分の手を動かして実験をしていた。全盲の生徒たちがガスバーナーで火は点けるし、塩酸や硫酸も平気で扱っている。指導役の教員に聞くと、一般の教科書に載っている実験の多くはできるという。鳥山先生自身も、水素を発生させる実験を中学部の生徒にやらせてなんとか成功した。

「きちんと教えれば、できるようになるんだ」ということを実感できた教育実習だった。

卒業後は、愛知県内の公立中学に三年勤めた後、愛知県立岡崎盲学校に赴任した。鳥山先生は、教育実習のときと同じように化学の授業ができるものだと考えていた。

だが、地方の盲学校は事情が少し違った。

理科室には、当時の文部省から現物支給された視覚障害者向けの実験道具が、封を切らないまま置いてあった。一方で試験管やビーカー、ガスバーナーなどの一般的な実験器具はなく、これまで授業で実験が行われていなかったのは明らかだった。すぐに校長に相談して器具を買ってもらった。

さらに着任してすぐ、中学二年のクラスで化学の授業をしたときのことだった。弱視の生徒たちに交じって全盲の男子生徒が二人いた。実験をするために試験管を渡したが、にこにこ笑って触っているだけで何もしようとしない。

「試験管を使ったことがないの？」

鳥山先生がそう訊くと、二人の男子生徒ではなく、近くにいた弱視の生徒が答えた。

「この子たちはやったことがないよ。いつも私たちの横にいるだけだから」

これは何とかしないといけないと思った。

二人の男子生徒は、学校の敷地内にある寄宿舎に住んでいた。そのため早朝は自由な時間がある。そこで鳥山先生は毎日、実験の「朝練」をすることに決めた。

試験管にピペットで溶液を入れるには、まず試験管の側面にピペットをそっと当てて、そこからピペットを上に持ち上げて内側に差し込めば、壊すことなく扱うことができる。試験管内の水位を調べる方法も教えた。水の入っていない上部と、水の入っている下部をそれぞれじっと触ると、指で感じるひんやり感が違ってくる。ひんやり感が変わる境目が液面の位置だ。ガスバーナーの炎の大きさを調整することや、溶液を濾過する方法も教えた。二人はすぐに実験道具を使えるようになった。

また鳥山先生は、担任したクラスの五人の生徒と点字で交換日記を始めた。毎朝提出される点字の日記を読み、夕方までに返事を書いて生徒に渡した。日記にはときどき、進路の悩みが書かれていた。

その中に心に留まった一文があった。

「どうせ私たちに進路選択なんてないのです」

視覚障害者の職業の中心は、「理療《りりょう》」と呼ばれるあんまや鍼灸などだ。これは江戸時代から続く日本独自の仕組みで、視覚障害者の就労や自立を支えてきた。

一方で、手先が不器用で理療に向かなかったり、別の仕事に就きたいと思ったりする生徒は当然いた。しかし当時は、大学に進む生徒はわずかだったし、大学に進学してもなかなか就職先がなかった。視覚障害者にとって理療はいい仕事であったが、その道しかないという閉塞感はあった。

「海外では大学に通っているケースもあります」などと返事を書いたが、視覚障害者の進路を広げることは大きな課題だった。

赴任して最初の夏休み、新人教員の研修会でのことだった。壇上では盲学校で理療を教える男性講師が話し始めた。

「世の中では盲人が大学に行けるとか言ってるけど、見てごらんなさい。就職できないじゃないですか。理療といういい仕事があるのだから、他にもいい仕事があるとか余計なことは言わないでほしい」

前列に座っていた鳥山先生は、その言葉を聞き流せなかった。

視覚障害者にとって理療がいい仕事だということは、もちろんよく分かっている。でも、進路を選べなくて悩んでいる生徒たちがいる。進路の幅を広げていくのは教師の役割のはずだ。だから、そんな言い方はないんじゃないかと思った。

鳥山先生は手を挙げて、言葉を選びながら言った。

「本人たちがきちんと考えて職業選択していくというのが、正しいのではないのでしょうか」

ベテラン講師に意見する新人教員など他にはいない。思いがけない反論に講師はあっけにとられた様子だった。

「授業のレベルを上げて、子どもたちの進路選択の幅を広げたい」

そう痛感した出来事だった。

授業を変えよう

鳥山先生が訪ねてきた七五年当時、青柳先生は盲学校に着任してから五年がたっていた。

生徒たちと接する中で感じたのは、動植物を観察した経験が一般の学校の生徒たちと比べて少ないことだった。目が見えないために、自由に外で遊んだ経験が限られていたのだ。小学生のときに一般の学校に通った場合、理科の実験は目の見える子だけで進めてしまって、視覚に障害のある生徒はほとんど何もさせてもらえないケースもある。

そのため、観察の方法が身についていない。授業で葉を触っても、葉の先の方だけを簡単に触るだけで、同じ種類の植物でも違う枝の葉っぱは別の種類だと思ってしまう。葉っぱをちぎって手で握るだけで満足する生徒もいた。かつて一般の高校に勤めていたとき、参考書にアンダーラインを引いただけで理解した気になっていた生徒を思い出した。

そんな姿を見ながら、青柳先生は一つの結論にたどりついた。

「実際の植物や動物をじっくり観察するという体験を抜きにして、いたずらに生物学的知識を詰め込んでも、それはゆがんだ生命観、自然観を持たせるだけだ」

学校教育法では、盲学校の教科教育は一般の学校に「準ずる」ことになっており、中学の三年間で学ぶ内容は決められている。だが一般の教科書をそのまま使って教えようとしても、一年生の最初にある顕微鏡での観察は、盲学校の生徒たちにはできない。

そこで、思い切って授業の内容を変えようと考えた。

青柳先生は鳥山先生に言った。

「生物はいろいろな体の形を持っていて、それぞれの生き方において意味がある。中学一年では、それが分かればいいんだ」

以前から、触って学ぶには植物の葉と動物の骨がいいと考えていた。じっくり観察できるように中学一年の生物の授業は二時間続きにしよう、「準ずる」ことは中学三年間で帳尻を合わせればいい、そんな授業の提案だった。

生物の授業をつくる

「こんな授業ができるんだ」

鳥山先生は毎週、授業を見学しながら思っていた。

一学期の授業では、校庭に出てひたすら植物の葉っぱを触っていった。形、手触り、厚み、葉脈の様子、周りのギザギザ、つき方など触るだけでも観察できることは多い。

目で見れば、遠くからでも葉っぱの形をぱっと把握できる。一方で触覚では近くまで行って、何度も触ってみないと形は分からない。たしかに時間はかかった。しかし生徒たちは次々と手で触って観察をしていった。

「サザンカの葉は、ジンチョウゲの葉よりも湿り気がない感じ」

「クチナシの葉を二枚ふれあわせても音はしないけど、モクセイの葉は二枚ふれあわせると音がする」

鳥山先生自身、そのような視点で葉っぱを観察したことはなかった。「なるほど」と感心することは多かった。

さらに生徒は自分で触って、それを言葉で表現することをとても楽しんでいるようだった。視覚障害者のための植物図鑑を作りたいと考え、ノートに葉っぱを貼り付け始めた生徒も出てきた。

骨を触る授業が始まった1975年当時の授業風景．生徒たちを指導する白衣の女性が鳥山由子先生．

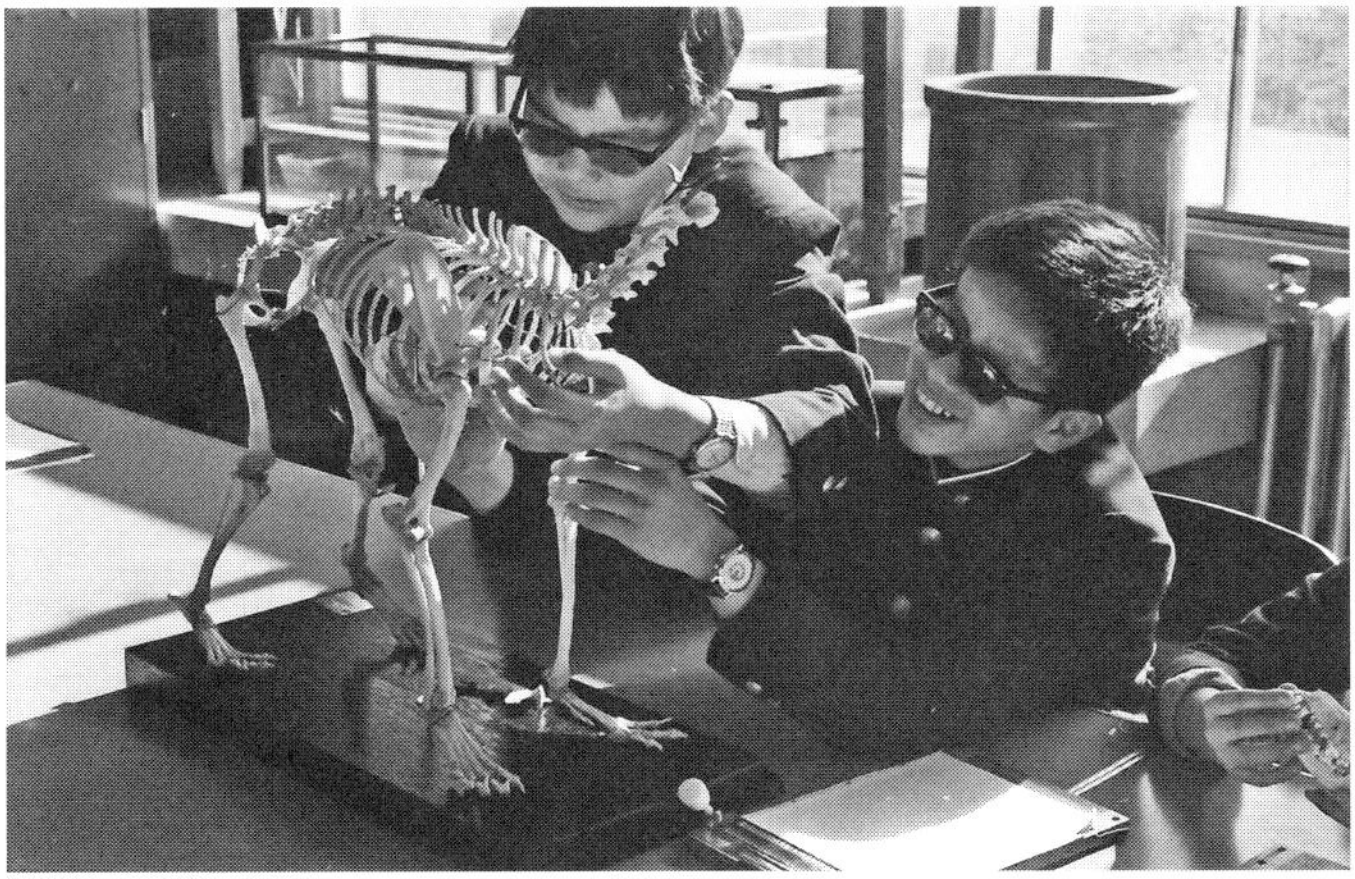

同じ頃．左が本書第3章に登場する江藤昌弘さん．

また、青柳先生の生物についての深い知識には驚いた。生物教師としての凄みを知ったと言ってもいいのかもしれない。

アベリアという灌木の葉っぱを触っていたときのことだ。生徒が葉っぱを触ってみると、虫食いの穴だらけであることに気付いた。すると黙って観察の様子を見ていた青柳先生が、生徒たちに話し始めた。

「葉っぱにある穴は全部同じ形をしているよね。穴を開けたのはオオスカシバという蛾の幼虫なんだ。名前の通り、成虫は羽が透けているんだよ」

生徒が自分の手で見つけた葉っぱの穴が、一気に虫の食性や形にまで広がっていった。そんなことが頻繁にあり、そのたびに生徒たちの目が輝いた。

一年の後半になると、動物の骨格標本の観察になった。生徒たちは両手で丁寧に骨を全体から細部へと触っていった。

「犬歯が発達しているから肉食だろう」

「目はヘッドライト型で前向きだ」

生徒たちは、驚くほど次々と鋭い発見をしていく。

青柳先生は決して答えを最初から言わない。とにかくじっと待っていて、生徒が気付いたことを逃さず拾い上げていく。鳥山先生には、その発見は自然に生徒から出てきたというよりは、青柳先生がうまく導いて生徒から引き出しているように見えた。そして、その発見をもとに授業が進んでいた。生徒の観察力は目に見えて向上していった。

「こんな授業を自分が受けたらどんなに楽しかっただろう」

鳥山先生は、そう思いながら授業を見ていた。生徒が点字で書いた記録はすべて、鳥山先生がまとめていった。この一年間の経験は、鳥山先生にとって絶対的なものになった。

生物の深い知識を持つ青柳先生と、視覚障害者教育を専門とする鳥山先生の二人によって、盲学校の新しい生物の授業が生まれた。

「鳥山さんが来てくれたから、この授業を作ることができた」

後日、青柳先生は鳥山先生にそう話した。

鳥山先生の本来の専門は化学だ。だから「青柳先生の真似をしたとしても、同じようにはできないだろう」という気持ちがあったが、「それでも真似たい」とも思った。そんな鳥山先生の様子を見て、青柳先生は言った。

「あなたならこの授業をやれますよ」

無事に出産を終えて、翌年に教職に復帰した鳥山先生は、東京都内の公立中学での勤務を経て、七八年に筑波大附属盲学校に赴任してきた。

じっくり手で触る生物の授業は、初代の青柳先生から二代目の鳥山先生に引き継がれた。鳥山先生は葉っぱと骨を触る授業を改めて体系化し、今の授業の姿を作り上げた。

三代目・武井洋子先生

そして三代目として引き継いだのが、現在担当する武井洋子先生だ。

武井先生もまた、この授業に魅了されて、自ら盲学校の教師という道を選んだ。

一九八四年春、筑波大の学生だった武井先生は、四年生に上がるのを前に進路に悩んでいた。大学では土壌微生物を研究していた。教員免許取得のための単位は一応とっていたが、教師になると決めていたわけではなかった。同じ学部の先輩たちの多くは、化学や薬品のメーカーの研究所に就職していく。教員になろうか、それとも専攻しているバイオ関係の知識を生かして企業に就職しようか。そんな中で、教育実習のシーズンを迎えた。

大学三年から四年になるときの春休み、大学の大講義室で事前の説明会が開かれた。当時の筑波大は、教員免許の取得を目指す学生が多く、免許を取得したい教科ごとに希望者がいくつかの班に分けられ、それぞれの班に筑波大の約十ある附属校の教師が講師役として割り当てられていた。

武井先生の班を担当したのは、小柄で背筋がぴんと伸びたボブカットの女性だった。説明会が始まると、女性は上品な声で淡々と話し始めた。

「筑波大附属盲学校の鳥山です。私は盲学校で理科を教えているので、授業の様子を見てもらいます」

鳥山先生は、盲学校の生徒たちが骨を触ったり、葉っぱのにおいを嗅いでいたりする授業風景の写真をスクリーンに映していった。

武井先生は当時、盲学校は点字を勉強するところだと思い込んでいたほど、まったく盲学校について知らなかった。わずかにもっていたイメージといえば、テレビドラマにもなった「大草原の小さな家」で、長女メアリーが失明して盲学校の教員になったということくらいだった。

全盲の生徒たちが骨を触って学ぶ姿はインパクトがあった。だがそのときは「盲学校でも理科の授業をやっているんだ」と思う程度で、それ以上のことはなかった。

夏休み前にあった三週間の教育実習で配属されたのは、東大など難関大学への進学実績で有名な筑波大の附属校だった。

一緒に教育実習をしていた友人が、中学一年の授業を担当することになり、イネ科の植物を観察させようと考えた。その友人は植物を自ら採集して教室に持ち込み、数人ずつの班に分かれた生徒たちに配っていった。ところが黒板に観察のポイントを書き始めると、ほとんどの生徒が植物の観察をやめて、いっせいに黒板に書かれた内容をノートに写し始めた。実物を目の前にしながら、四十人ほどの生徒のノートには、板書と同じスケッチが描かれていった。

「たしかに受験のためには効率的な勉強方法なんだろう。そういえば自分もこうやって受験勉強をしてきたな」

武井先生は、目の前の授業風景を「そういうものだろう」と受け入れていた。だけど、何か納得できない自分もいた。

そんなとき、ふと鳥山先生が話していた盲学校の授業を思い出した。三週間の実習期間のうち、一日だけは他校訪問が認められていた。そこで、武井先生は鳥山先生を訪ねて盲学校に行った。

ちょうど全盲の中学生たちが、学校の庭で落ち葉を触って観察していた。落ち葉が分解されていく様子を学ぶ授業だった。

「どんな感じですか?」

木の下にしゃがみこみ、落ち葉を手にとって触っている生徒たちに鳥山先生が訊いた。

「カビのにおいがする」とか「湿っぽい」とか、生徒たちは観察したことを何とか表現しようと一生懸命な様子で話していた。

鳥山先生は「そうだよね」と受け止めながら、「どうしてなんだろう?」と生徒に次々と訊ねていき、そのやりとりで授業が進んでいった。

武井先生にとって、自分がこれまで当たり前のこととして受け入れてきた、与えられた知識をどんどん覚え込んでいく勉強法とは明らかに違っていた。

すると、いつのまにか授業に引き込まれている自分に気付いた。その授業の何にそこまで心を動かされたのか、当時の武井先生にはうまく表現できる言葉がなかった。だが、心の深い部分を揺さぶってくる何かを感じていた。「なんて理科らしい理科なんだろう」と思った。

教育実習中に感じていた、何かもやもやとした気持ちはなくなっていた。

「自分もこうありたい。こんな授業を展開してみたい」

進路の迷いもなくなっていた。武井先生は教師、それも盲学校の理科教師になることを決めた。

武井先生はその後、教育学を学ぶために筑波大学大学院に進んだ。修了後は神奈川の県立高校に三年半ほど勤めた後、九〇年秋に筑波大附属盲学校に赴任してきた。

赴任すると、ちょうど中学一年の生物では骨を触る授業が始まるところだった。武井先生は半年間にわたって授業を見学することにした。

それまで動物の頭蓋骨をこれほど丁寧に触った経験は、もちろんない。武井先生自身も、ネコの頭蓋骨をじっくりと触ってみた。耳の部分がぷっくりと大きく膨らんでいることに気付いた。バランス感覚が優れている証拠だ。

「ネコが高い塀の上を簡単に走っているのは、こういうことなのか。すごいな。骨って語ってるじゃん」

武井先生は、骨を触るという観察方法で、動物が生きていたときの様子が分かっていくことにまず驚いた。

さらに驚いたのは、鳥山先生が最後まで答えを言わず、生徒にとことん考えさせていく授業スタイルだった。授業で生徒は、知識を伝えられるのではなく、「発見者」という立場だった。

「こんな授業がはたして自分にもできるのだろうか」

すでに教員を経験していたからこそ、そう不安になるほどすごさを実感できた。

その後、武井先生が鳥山先生から中学一年の生物の授業を引き継いで、二十五年以上になる。生徒の発見をもとに進める授業は、いつもうまくいくわけではなく、今でもときどき「今日もゴリ押しで知識を教え込んじゃったなあ」と反省するという。試行錯誤の毎日だ。

ただ、授業を通じて生徒の成長を感じられることは多い。

あるとき、かつて骨の授業を受けた生徒が、課外活動で二枚貝の観察をしていた。外部の講師が「なぜこんな形をしていると思いますか？」と訊いた。その生徒は正解を答えられなかったが「何か意味があってこういう形になっているはずだ」と言って、何度も繰り返し貝を触っていた。

武井先生は、少し離れた場所からその様子を見ていた。

「この子はこれからも、きっと多くの場面でこういう風に考えてくれるんだろうな」

そう思うと、何だかうれしくなった。

青柳先生の言葉

青柳先生は八六年、筑波大附属盲学校から、神奈川大附属中・高校に移った。盲学校では副校長になっていたが、神奈川大附属では一般の教員に戻り、再び教壇に立って生物を教える道を選んだ。

その後、副校長を経て九七年からは校長となって学校運営を進めた。ペンギングッズを飾った校長室のドアはいつも開いており、教職員や生徒たちが入りやすいようにしてあった。校長を退いたら再び南極に行ってペンギンの研究を再開させようと考えていて、有効期限が十年のパスポートを取得していた。

ところがパスポートをとってすぐの九八年十月十八日、脳幹梗塞により帰らぬ人となった。亡くなる前日には学校説明会で元気に話をしていただけに、あまりに突然の出来事だった。六十三歳だった。

青柳先生は生前、エッセイ集『テオリア――自然を知る50のヒント』の中で、このような言葉を残していた。

ペンギングッズを手にとる青柳昌宏先生.

ぼくは、幸運にも天職ともいえる生物の教師を生活の糧とすることができ、主に生物的な自然を中心に、探求の旅をつづけてきた。その生活の中で、とくに生徒から多くのことを学んできた。「教えることは学ぶこと」という言葉を日々実感して生きてきた。生徒に解説するために勉強してわかったことが多くある。生徒とともに観察・実験して発見したことが多くある。生徒の探求心に触発されて育てられたぼく自身の能力がある。人とのつながりの中で自然を理解していくというのは、素晴らしいことだ。

青柳先生の長女、内田啓子《あきこ》さんは小学生のころ、よく近くの本屋に連れて行ってもらった。青柳先生は内田さんが好きな本を選ぶまで、一時間でも二時間でもせかさず黙って待っていてくれた。普段の父親の忙しさを知っていたので、娘としてもいいかげんに選ぶわけにはいかない。本選びは真剣勝負だった。

「父に買ってもらった一冊一冊がとても思い出深いんです」

内田さんの自宅リビングの本棚には、そのとき買ってもらった『宮沢賢治童話集』が今も並んでいる。

ただ、内田さんには長年疑問に思っていることがあった。

写真が好きだった青柳先生は、出かけるときはいつも一眼レフのカメラを持参して、子どもたちの様子や風景などをこまめに写真におさめていた。内田さんは中学生のとき、家族で北アルプス・燕《つばくろ》岳に登った。ちょうど骨の授業が始まった年だ。青柳先生はそのときの写真を、ポケットサイズのアルバムにして渡してくれていた。

ところが、アルバムには燕岳で見ることができたライチョウの写真が一枚もない。「ほらライチョウ、見てごらん」と教えてくれた父の声やそのときの情景ははっきりと覚えているのに、なぜかライチョウの写真だけが残っていない。ずっと心の隅にひっかかっていた。

二〇一八年夏、内田さんは北アルプスを縦走し、四十三年ぶりに燕岳に登った。途中の道には高山植物が自生しており、一つ一つをカメラにおさめながら、予定時間に間に合うように山小屋を目指した。ところがしばらくして、何かおかしいと感じ始めた。あれだけ写真に撮ったのに、さっき見たはずの植物の姿が頭の中で具体的にイメージできない。

すると青柳先生の顔が思い浮かんできた。はっと気が付いた。

「そうだ、お父さんがライチョウの写真を撮らなかったのは、写真を撮ることよりも、ここでしか見られないライチョウを私たちに見せることを優先させたんだ。私たちにも、しっかり見ることを教えたかったんだ」

青柳先生は自然をじっくり見ることの大切さを説き、自らもその姿勢を貫いた。

その姿は今も多くの人の中で生き続けている。

第三章 科学への道を拓く

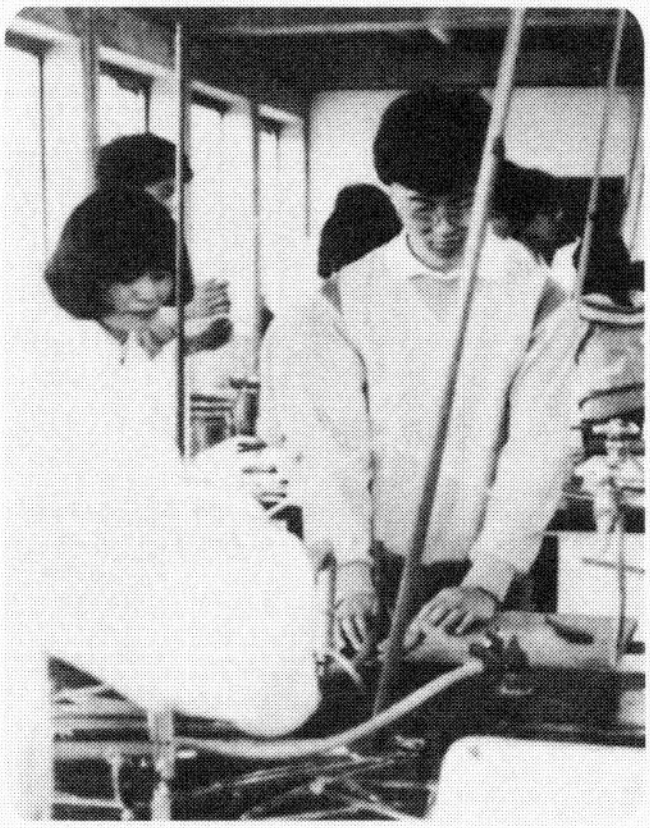

大学の化学実験で，
補助役の鳥山由子先生の助けを借りて
ガラスで実験器具を作る八木陽平さん．

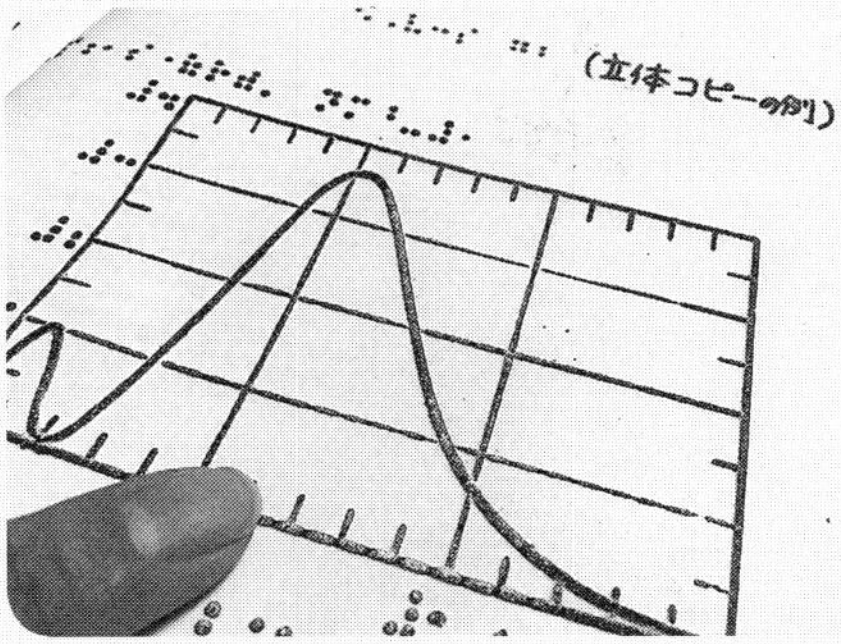

紙に微妙な凸凹をつけた
「立体コピー」で
グラフや地形も読み取る．

一九六〇～七〇年代に、筑波大学附属盲学校を中心にして、盲学校の理科教育は急速にレベルアップしていった。

早くから実験ができるようになっていた物理や化学に加えて、骨や葉っぱをじっくり触る観察を取り入れた生物の授業もできあがり、理科全体のレベルの底上げがされていった。授業が充実してくると、今度は、大学でも自然科学を学びたいと思う生徒が現れ始めた。

大学で自然科学を学びたい

七五年に始まった骨を触る授業の第一期生に、全盲の江藤昌弘さんがいた。筑波大附属盲学校で、はじめて大学で自然科学を専攻することを目指した生徒だ。

江藤さんは、東京都東村山市で生まれた。生後しばらくして、親やおもちゃの動きを目で追うという赤ちゃん特有の追視がないと近所の人から言われたが、両親は特に気にしていなかったという。しかし、いざ歩き始めてみると、しょっちゅう壁にぶつかったり転んだりするので、病院に連れて行ったところ、目が見えていないことが分かった。

それでも大工だった父親の錦一さんは、まだ幼い江藤さんを積極的に外に連れ出した。休みの日は、家族で近くの山まで車で出かけて、タケノコやゼンマイを採ったり、ドジョウを捕まえたりして遊んだ。江藤さんは、カミキリムシに指をかまれた痛みを今もはっきりと覚えているという。

幼稚園に行くころになると、錦一さんは自分が手がけている家の建築現場に江藤さんを連れて行き、釘打ちの手伝いをさせた。まず錦一さんがある程度の深さまで釘を板に打って固定させておき、そこから江藤さんが金槌で打ち込んでいく。木の中に釘が沈んでいくときの手の感触が楽しかった。二階に上がったとき、床板を張っていない場所から数メートル下に落ちてしまったこともあった。そんなことがあっても、錦一さんは江藤さんを何度も現場に連れて行って手伝いをさせた。

「自分が作る家で、よくもまあ、そんなことをやらせていましたよね。お客さんに理解があったのかもしれませんけど」

江藤さんは懐かしそうに笑う。

棟梁だった錦一さんに会うために、自宅には金融機関の営業マンたちがよく出入りしており、錦一さんの時間が空くのを待っている間は江藤さんの子守役になった。あるとき、若い営業マンが江藤さんをバイクの後ろに乗せて道を走ってくれることになった。しかし、出発してしばらくすると、営業マンは一人で血相を変えて家に戻ってきた。

「気付いたら息子さんが後ろにいない。どこかに落としてしまったみたいです」

大学で化学を専攻することを目指した江藤昌弘さん.

今となってはけがの状態は不明だが、大事には至らなかったらしい。

当時は、今よりも世間に対して障害を隠そうとする風潮が強い時代だった。「親戚の中で自分はいないことにされている」と話す視覚障害者の友人もいた。昭和一桁生まれの錦一さんは、時にはげんこつやビンタが飛んでくる昔ながらの父親だった。しかし、全盲の息子と社会との間に壁を作ろうとはしなかった。江藤さんは他の子どもたちと同じように、豊かな自然の中で多くの人たちに囲まれて、のびのびと育った。

錦一さんには、たしかに自分の息子の目は見えていないが、それ以外は他の子どもと変わらないのだから同じように育てる、という明確なポリシーがあった。そのため、しつけには厳しかったという。

その一つが、箸の使い方だ。小学生のころ、それまでは箸を使って食べ物を口にかき込んでいたが、「そろそろ箸をちゃんと使えるようになりなさい」と言われ、練習が始まった。錦一さんは、乾燥した大豆を茶碗いっぱいに入れてきて、箸で一粒ずつつまんで横に置いた空の茶碗に移すように言った。大豆はつるつるとよく滑るし、仮につまめても隣の茶碗に移す間に滑ってはじけ飛んでしまう。最終的にはなんとかできるようになったが、その経験は江藤さんの記憶に今でも強烈に残っている。

また、「いくら見えなくたって、ひらがなとカタカナ、自分と家族の名前の漢字くらいは書けるようになっておけ」とも言われ、字を書く練習もすることが決まってしまった。当時、学校では、点字を使う視覚障害者はペンなどで書く一般の字(これを墨字《すみじ》と呼ぶ)を習わなかったので、夏休みに自宅で集中的に自主練習しなければいけなくなった。

これには「レーズライター」という道具を使った。ゴム製の下敷きの上にビニール製の作図用紙を取り付けてペンで書くと、通常は凹状になる筆跡が凸状になって浮き上がってくる道具で、手で触って形を知ることができる。習ったこともない「あ」と「め」の違いを指先で区別するのにはとても苦労した。「こんなのやって何になるんだ」と反発する気持ちはあったが、あまりに覚えが悪いと錦一さんからげんこつが飛んでくるので、必死になって覚えた。これは後々、意外なところで役に立つことになる。

江藤さんは幼稚園から東京都立の盲学校に通い、小学四年生で東京教育大附属盲学校に転校。そして中学一年のとき、青柳先生が始めた、じっくり骨や葉っぱを触る生物の授業と出会った。

当時の生徒たちの様子を記したリポートが残っている。江藤さんはニワトリの全身骨格を触って「かかとが上がっていて、指だけで歩いている」と発表していた。

江藤さんが今でも印象に残っているのは、ニシキギの葉を触ったときのことだ。枝にコルク質の翼のような突起があった。不思議に思った生徒が、なぜ突起があるのか質問すると青柳先生は、「仮説を立ててみなさい」と言った。別の生徒が「枝を守って折れにくくしているのではないか」と言うので、急きょ次の時間に実験してみることになった。

高さの同じ木箱を離して置いて、間に同じ太さのニシキギを二本かけた。一本は突起がついたままの枝、もう一本は突起をすべて取り除いた枝だった。空き缶にパチンコ玉を百個入れたおもりを中心部分につるして、しなり度合いを測る。すると突起のある枝に比べ、突起のない枝は三倍も大きくしなった。たしかに突起のある方が折れにくいといえそうであった。

「仮説を立てて、実験で実証する。理科っておもしろいな」と思った。

江藤さんは大学に進学したいと考えていた。勉強は得意だった。一方で、幼稚園から盲学校に通っており、「自分は井の中の蛙なんじゃないか」という思いはずっとあった。広い世界に出て学んでみたかった。

別の理由もあった。視覚障害者にとっては、盲学校の高等部を卒業した後、盲学校の専攻科に進んで理療を専門的に学び、その道に進むというのが一般的な進路だ。安定もしている。だが、決められた進路で生きていくことに、何か寂しさを感じている自分もいた。

そこで漠然と考えていたのは、得意だった数学をいかして数学教師になることだった。

それまでも全盲の学生が大学で数学を専攻したケースはあり、盲学校には全盲の数学教師もいた。全盲の学生にとって、理療以外の道として数学の教師という選択は、比較的想像しやすいものだった。ところが、この計画はすぐに壁にぶつかってしまう。

高校二年になって、数学の授業が分からなくなってしまったからだ。数列やベクトルなどを習い始めると、得意だった数学が急に理解できなくなってきた。「やばい、得意な科目がなくなってしまった」と内心かなり焦った。

一方で、高校三年の途中から化学が楽しくなってきた。

化学を担当していたのは鳥山先生だ。ちょうど身の回りの物質の構造や性質を学び始めたころだった。

自然界は、炭素や酸素などの原子が結合した分子で構成されている。しかし、ちょっとした組成や結合の仕方の違いで性質はがらりと変わるし、その違いの多くを化学の知識で説明できる。小さいころから親しんだ自然が、そんな分子の世界で彩られていると思うとわくわくした。

江藤さんは化学の授業で、疑問に思うことはどんどん質問した。高校の教科書には書いていない大学レベルの内容も含まれていたが、鳥山先生はどの質問に対しても一生懸命に説明してくれたし、答えられないことがあったら翌週までに調べてきてくれた。とにかくとことん付き合ってくれた。どんな質問だったら先生を困らせることができるのかと考えるのが、楽しみでもあった。

鳥山先生にとっても、江藤さんは印象深い生徒の一人だった。

水とアルコールを混ぜる実験をしたときのことだった。アルコールは種類により、水に混ざるものと混ざらないものがある。混ざらなければ、試験管の中で二層に分離する。鳥山先生は、色の違いを音の高低で表す感光器という道具を使い、その層の境目を確認させようとした。これは目で見る実験を、耳を使ってやる方法だ。すると実験中に江藤さんが発言した。

「感光器でも分かるけど、混ざった場合は試験管が温かくなる」

これに鳥山先生は驚いた。

たしかに、水とアルコールが混ざると発熱する。江藤さんが気付いた方法で、水と数種類のアルコールをそれぞれ混ぜると、アルコールの種類によって温度の上がり方が違っており、その傾向は理論と一致していた。

そのころになると、江藤さんは元素周期表の元素名だけでなくその性質も含め、ほとんど頭に入っていた。

「化学の道に進みたい」

一九八〇年、高校三年になった江藤さんはそう思うようになっていた。一方で、「本気でそんなことを考えてはいけない」と自制する自分もいた。

当時の日本では、全盲の学生が大学で数学を専攻した例はあっても、化学や物理を専攻したケースはなかった。ネックになっていたのは実験だ。大学では、盲学校のように視覚障害者に合った実験方法や環境が準備されているわけでなく、そもそも化学専攻で視覚障害者が受験すること自体が想定されていなかった。

江藤さんは悩んだ。だが「可能性がゼロでないのなら、言うだけ言ってみよう」と思った。それだけ化学が好きだったし、大学で専攻したいという気持ちは高まっていた。思い切って鳥山先生に相談した。

「難しいと思うけど調べてみる」

鳥山先生はそう言った。「無理」とは言わなかった。

江藤さんは期待してはいけないと思った。でも、心の片隅にわずかな希望を残したまま受験勉強に励んだ。相談を受けた鳥山先生も悩んだ。

「こんなに化学が好きなのだから、化学の道に何とか進ませてやりたい」

心からそう思った。だが、大学には、自分のように視覚障害者のために実験方法を考える人がいるわけではない。そんな環境で受け入れようとする大学は果たしてあるのだろうか。日本全国を見渡しても、受験させてくれそうな大学は見当がつかなかった。

　鳥山先生はいくつか当たってはみたものの、やはり受験させてくれる大学は見つからなかった。受験できないと聞いたとき、江藤さんの中では、悔しさよりも諦めの気持ちの方がずっと上回っていた。

「普通の字で書かれた本が読めないのと同じように、化学を専攻することは諦めないといけないことなんだ」

　そう思うようにした。

　江藤さんは結局、一浪して横浜市立大学に合格し、数学を専攻。共通一次試験も二次試験も一般の学生と同じ試験を点字で受験し、突破した。二次試験の科目は数学と化学。一浪しても数学は苦手なままだったが、化学はほぼ満点の出来だった。

　鳥山先生は、やりきれない思いだった。

　視覚障害者がより深く学べるよう、今日の授業より明日の授業を少しでもよくしたいと思って頑張ってきた。担当していた化学では、視覚に障害があってもできる実験はどんどん増えていた。生徒たちの学力は着実に上がってきたという実感もある。

　だが、その先には視覚障害者が大学で化学や物理を専攻できないという、別の壁があった。

　江藤さんは、大学で化学を専攻するだけの十分な学力があった。それに、何より化学が大好きだった。自分が教えた教科を好きになって、それを大学で専攻したいとまで言ってくれることは、教師にとって本来はとてもうれしいことだ。でも、背中を押してあげられない自分がいた。

「いつになったら、この壁を越えられるのだろうか」

鳥山先生には、その壁がとてつもなく高く感じられた。

大学で物理を学ぶ

それから二年後、今度は大学で物理を専攻したいという生徒が現れた。

八木陽平さんという。五十代の半ばになった現在は、東京・御茶ノ水にある宇宙航空研究開発機構(JAXA)の調査国際部で、英語で書かれた文献の翻訳などを担当している。

「彼はひょうひょうとしているけど、ものすごく優秀な学生だった」

「『僕なんてたいしたことない』とか言うかもしれないけど、その言葉にまどわされてはいけないよ」

八木さんに会う前、学生時代を知る人たちからそのように聞かされていた。

実際に会ってみると、本当にひょうひょうとしていた。こちらの質問には穏やかな口調で的確に答えながらも、謙虚で笑顔を絶やさない人だった。

八木さんは、大阪府河内長野市に生まれた。父は歯科医で、大阪市中心部の船場で開業していた。今は三つ上の兄が継いでいる。

三歳で緑内障になり、徐々に視力が落ちていった。

一九六九年七月二十日、アポロ十一号が人類で初めて月面着陸し、全世界でテレビ中継された当時は四歳だった。まだテレビを見られる程度の視力があり、宇宙飛行士が暗黒の宇宙をバックにふわふわと歩いている姿を、「自分もいつか行ってみたい」と心を躍らせながら見つめた。小学校に上がる前に視力を失ったが、宇宙に対するあこがれは残った。

さらに宇宙への思いを強くさせたのは、大阪府立盲学校の小学部のときに米国の天文学者、カール・セーガンの著書『COSMOS』と出会ったことだ。定期的に通院していた眼科の待合室で、母親がよく読んでくれた。八木さんにとって、宇宙は自分の内面にある興味や好奇心といった感情を刺激してくれるものだった。

一方で、八木少年は運動が得意だった。小学生のころは高校野球のラジオ中継を聞くのが好きで、高校球児の気分で自宅でバットを振っていた。ソフトテニスのボールを壁に投げて、跳ね返ってワンバウンドして上がってきたところをバットで打つ。ボールとの距離は音で感じてバットを振ったが、これがわりとよく当たった。

大学で物理を学ぶことを目指した八木陽平さん.

実際、八木さんは運動神経がいい。二十代後半から始めたフルマラソンでは、四十歳を過ぎてからタイムが三時間を切り、パラリンピックの日本代表の一歩手前までいったほどである。

小学二年生からはチェロを習い始めた。ただ、これはあまり好きにはなれなかった。練習が厳しく、もっと体を動かして遊びたいという思いが強かったからだが、別の理由もあった。

当時、通っていた盲学校には、経済的に厳しい家庭の生徒が少なくなかった。わけあって親と離れて施設で暮らす生徒もいた。だから、経済的には比較的恵まれている自分が、チェロという周囲から見れば少し特別な習い事をすることに、やや抵抗を感じていたのだった。

中学生になっても熱中したのは、運動だった。

グランドソフトボールという視覚障害者の球技がある。当時は盲人野球と呼ばれていた。投手はハンドボールのような大きさの球を転がし、打者は地面を転がる音を頼りにバットで球を打つ。その後は、野球とほとんど同じルールだ。

当時は、大阪府立盲学校と大阪市立盲学校の間で年に一度、盲人野球の交流試合が開催されていた。生徒たちは試合前になると早朝や放課後に練習するが、交流試合が終わってしまえば誰もグラウンドに姿は現さない。

だが、八木さんは盲人野球が好きだったので、一人で朝練を続けていた。当時、野球の監督をしていたのは二十代の理科の教師。真冬だろうと朝練に毎日付き合って、マウンドからボールを転がし、ボール拾いもしてくれた。

「高校からは筑波大附属盲学校に行ってみないか」

中学三年になったとき、学年主任だった数学の教師から八木さんは東京行きを勧められた。当時、同じ学年には六人の生徒がいたが、八木さんはすべての教科で成績はトップ。「もっと周囲と競争できる環境にいた方がいい」というのが提案の理由だった。八木さんは少し戸惑ったが、「東京に行くのもおもしろいかも」と思うようになった。

そのころから、朝練は盲人野球から数学に代わった。当時三十過ぎだったその数学教師は高校受験に向けて、八木さんが少し苦手にしていた図形の問題をマンツーマンで指導してくれるようになった。

盲学校の若い教師たちは、とにかく一生懸命に接してくれた。そして八木さんの将来の可能性を広げようと、背中を押してくれた。

八木さんは十五歳で上京し、筑波大附属盲学校に進学した。

受験の壁

高校一年生のとき、担任は鳥山先生だった。

鳥山先生が担当する化学は、とにかく毎時間が実験だ。大阪では、理科の実験にあまり取り組む機会がなく、驚くことは多かった。

当時、東京の高校に進学するにあたり、「大阪の人間として、東京には負けられない」と意気込んでいたところがあった。だが、筑波大附属盲学校の中学部から上がってきたクラスメートは、当たり前のようにすいすいとガスバーナーに火を点ける。

「東京の人はやっぱり違うな」

最初の数カ月は、ショックを受けることが多かった。

青柳先生の生物の授業も受けた。「低音でゆっくりしゃべる声がよくて、女の子に人気だった」という。

八木さんは、数学や物理の能力が飛び抜けていた。

数学では難しい数式でも、途中の式をほとんど書かずに頭の中だけで解いていた。「途中式を点字で書いていると時間がかかる」というのが理由だった。

高校三年生になって、大学受験に向けた数学の授業を担当していた先生も全盲だった。だから当然、板書はない。授業を選択した生徒は二人で、先生を合わせた三人の話し声だけで難解な数式が解かれ、数学の授業が展開されていく。たまに授業参観があると、見学者たちは三人がいったい何の問題を解いているのかまったく理解不能だったらしい。

八木さんも将来は、理療ではない進路を選びたいと思っていた。その理由は、理療の仕事自体に不満があるというよりは、視覚障害者にはそれしか選択肢がない現状に反発する気持ちの方が強かった。

八木さんもまた、最初に思い付いたのは数学の教師という職業だった。ところが高校一年のときに、相対性理論の本を読んだことがきっかけで、物理学の道に進みたいと思うようになる。自然界をシンプルに理解しようとする物理学は、自分に合っているように感じたからだ。

それまで、全盲の生徒が大学の物理学科に進んだ例がないとは知っている。受験が難航するであろうことは、八木さん自身にも想像ができた。しかし、小さいころから楽観的だったという八木さんは、「それはそれでおもしろいかな」と、あまり深く考えずに物理学科を志望しようと決めた。

最初に目指したのは、難関の東京工業大学の物理学科だった。盲学校の教師たちは、それまでの模試などの成績からすれば、十分に合格する可能性があるとみていた。

当時、盲学校の生徒が大学を受験する場合は、事前に大学側に連絡し、受け入れの意志があるか確認した上で、点字での受験を依頼する必要があった。盲学校側が八木さんの受験について相談すると、大学側からこう連絡があった。

「進路指導の先生ではなく、理科の先生に来てほしい」

そこで、進路担当ではない鳥山先生が大学に赴いた。

盲学校での授業の様子を伝え、かなりの種類の実験ができるようになった現状を説明し、担当の男性教授に受験させてほしいと頼んだ。だが、教授は言った。

「盲学校の先生たちの仕事は心から尊敬します。ですが、私たちには視覚障害のある学生のために実験法を工夫する時間はありません」

同じ自然科学を専門的に学んだ者として、はっきりノーと言わなくとも大学側の事情をくんでほしいということのようだった。それ以上は何も言えず、受験は諦めるしかなかった。

「なかなか突破できないなあ」

交渉の帰り道、鳥山先生はそう感じていた。

秋は深まり、受験シーズンが迫っていた。だが、八木さんの受験できる大学は見つからないままだ。八木さんにも盲学校の教師たちにも、焦りが見え始めていた。

だが、鳥山先生ら盲学校の教師たちは諦めなかった。なんとしても新しい扉を開きたいと思っていた。

ICUの受け止め

一九八二年冬、東京都三鷹市にある国際基督教大学（ICU）の一室では、激しい議論が交わされていた。

集まっていたのは理学科の教員約二十五人。議題は、ICUで物理を専攻することを希望している全盲の男子高校生について、受験を認めるかどうかについてだった。

受験を認めるべきではないという意見は多かった。仮に理学科に入れば、卒業するために学生実験の単位を取らなければならない。だが全盲であるならば、とても十分な実験ができるとは思えない。できないことが分かっているのに、受験を認めること自体が無責任という考えだった。

一方で、受け入れるべきだという意見も少なくなかった。

こちら側の意見を支えたのは、教育者としての使命や責任といった思いであった。

賛成と反対で意見はほぼ二分していた。受験は年明けに迫っていたが、年内では結論に至らなかった。

八木さんが東京工大から受験を断られた後、筑波大附属盲学校の教師たちが次に受験をかけあったのは、ICUだった。

ICUは、日本で初めてのリベラル・アーツを掲げた大学として、一九五三年に開学した。三鷹市にあるキャンパスは、東京ドーム十三個分の広大な敷地に広がる。日本の大学の中では、国際機関や世界的なNGOなどで働く卒業生が多く、東京都内にある私立大学の中でも、入学が難しい難関大の一つとされている。

ＩＣＵはすでに七七年、筑波大附属盲学校出身で、語学科を志望した半田（旧姓・草山）こづえさんの受験を許可した実績があった。ＩＣＵにとっては、半田さんが初めての全盲の学生であった。

半田さんの受験を認めるかについて、当時のＩＣＵでは議論があったという。学務副学長の下に諮問委員会を設置して話し合いが重ねられ、入学する年の一月になってようやく受験が認められた。

半田さんは点訳された一般受験生と同じ試験問題を受けて、トップクラスの成績で合格。在学中も優秀な成績を残し、卒業した。その経験を踏まえて、ＩＣＵは八一年に盲学生の受け入れ方針を明文化して公表した。それは、「本学に学ぶにふさわしい意志と能力をもった盲学生を、正規学生として、定員に含めて許可する」というものだった。

さらに、世界的にも新たな動きが見え始めていた。

八一年に米国化学会が、全盲の学生が化学を専攻する場合、どのような配慮が必要かをまとめたリポートを発表していた。鳥山先生たちは、外国人教員が多いＩＣＵは、世界的な動きに敏感で、より理解があるのではと考えた面もあった。

だが、盲学生の正式な受け入れ方針をもっていたＩＣＵにとっても、理学科への受験希望は想定外だった。

八二年秋、盲学校から八木さんの受験について問い合わせを受けた吉野輝雄準教授（当時の名称。

現・名誉教授）は、大いに戸惑った。吉野さんは半田さんが入学を希望したときはＩＣＵの宗務委員で、盲学校とＩＣＵ間の調整などに奔走し、盲学校へ授業の見学に行って報告書をつくるなど、入学を後押しした経験があった。半田さんの入学後、学生たちによってつくられた点訳サークルの顧問も務め、半田さんの優秀さを間近で見ていた。

そんな吉野さんにとっても、理学科への入学希望は予想していないものだった。国内ではもちろん初めてのケースで、海外でもほとんど例はなかった。

八木さんの受験を認めるか否かについて学内では、半田さんのときとは比べものにならないほどの大議論になった。

反対の一番の理由は、「全盲では実験ができない」ということだった。

たしかに、目の見える学生たちがやっている実験方法を全盲の学生がそのままやるのは、無理だった。仮に入学したとして、一般の学生よりも実験や学習に時間がかかることが予想される。四年間で卒業できなかったときの責任は誰がとるのかという問題も考えなければいけなかった。

さらに吉野さんは、「見える教員と見えない学生の間で、共通の科学の認識を持てるのか」という疑問を持っていた。

だが議論を聞きながら、別のことを考え始めていた。

「そもそも科学とは何なのか、自然を理解するとはどういうことなのか」

すると違った考えが浮かんできた。科学は原子や分子など目に見えないものを扱っている。水だって酸素と水素が結合しているが、それが直接は目で見えるわけではないのに、私たちは原子同士の結合角まで分かっている。

「科学を学ぶ上で、目が見えるということは実はそんなに重要ではないのかもしれない」と思うようになった。さらに、科学者としての自分のあり方についても考え始めた。

そもそも、視覚が使えないのなら、視覚を使わずにどういう実験ができるのかを考えるのが科学者の姿ではないだろうか。既存の実験方法を盾にして、それができないから受け入れることができないというのは、科学者としてふさわしい態度ではないだろう。そんなことも考えずに、ただ受け入れが難しいと考えていた私は一体何なのだ、と。

吉野さんは受験に賛成することにした。

「受け入れることになれば、入学後はすべてのプロセスにかかわっていこう」と思った。

ＩＣＵの教員たちは、筑波大附属盲学校に授業の見学に行った。ちょうど物理担当の石崎喜治先生が、レーザーを使った光の干渉実験をしているところだった。レーザーを回折格子に入射させてできた縞模様の位置を感光器で精密に測定し、レーザーの波長を求めていた。

さらに海外の情報も集めた。教員たちの間には、やり方によっては実験ができるのではないかという雰囲気が出始めていた。それでも「全盲では実験はできない」と反対意見は根強かった。

結局、意見は集約できないまま、理学科の教員で多数決をとることになった。各教員が、受け入れについて一人ずつ「イエス」（賛成）か「クエッショナブル」（疑問の余地有り）の二択で答えていくと、ちょうど同数になってしまった。

すると、その場にいた一人の教授が発言を始めた。長身のがっちりとした体つきで、いつものようにおだやかな口調だった。

「日本人とアメリカ人のクエッショナブルは違う。アメリカ人にとってクエッショナブルは『無理だ』という意味合いが強いが、日本人の場合は『分からない』ということだ。どうして『分からない』が、『受け入れることができない』になるのだろうか」

物理を担当していた米国人のドナルド・ワース教授だった。その五年前に、半田さんの受験を許可することを当時の教養学部長として強力に進めた人物だ。部屋の雰囲気が少し変わった。

最終的には、当時の教養学部長だった大口邦雄教授に一任される。後にICU学長になる大口教授は、受験を許可することを決めた。試験日が二週間後に迫っている中での決断だった。

当時、八木さんはもしもICUを受験できなかったときのために、国公立大学の数学科の受験に向けた準備をしていた。当時の共通一次試験を受け、自己採点では、数学と物理が満点、化学はリトマス試験紙の色などをわずかに間違えただけだったという。

八木さんは点字でICUの入試を受け、合格した。制限時間が一・五倍長いだけで、一般の受験生と同じ問題だ。

合格発表は、友人と一緒に大学に見に行った。友人が掲示板にある八木さんの受験番号を見つけてくれた。八木さんは感情を爆発させることも、ガッツポーズをして大げさに喜ぶこともなかった。ただ掲示板の前に立って、「ああ、受かったんだなあ」としみじみ思っていた。

盲学校にとって、一つの新たな扉が開いた出来事だった。

ＩＣＵでの学び

八木さんの合格が決まると、ＩＣＵの理学科では、教員たちが急ピッチで受け入れの準備を始めた。

入学の一カ月前、理学科には「Project Team for Blind Student」という教員四人からなるプロジェクトチームが結成され、ヘッドには吉野さんが就くことになる。まずは八木さんが四月から受講する科目を決め、事前に担当教授に教科書を教えてもらった。教科書の点訳をする必要があったからだ。

ＩＣＵには点訳サークルがあったが、問題は数学記号や物理や化学の記号などを誰が点訳するかということだった。点字は縦三点、横二列の計六つの点を一つの単位として、かなや数字を表現する。ただし、数学記号などには特殊なコードが用いられている。教科書の内容をある程度理解した上で、特殊なコードを使って点訳していく必要がある。ところが、点訳サークルには「数式は見るだけで頭が痛くなる」というメンバーもいた。

学生が短期間で特殊なコードを習得するのは、とても無理だった。そこで、当面は学外のボランティアに依頼し、その間にサークルのメンバーもコードを習得する計画になった。

八木さんの入学後、それでも、教科書や参考書が授業に間に合わないことがときどきあった。そうなると、授業中は板書が見えないので担当教員の話す内容だけが頼りになる。だが、ＩＣＵは外国人の教員が多く、物理や数学などの授業ですらも英語で進行されることが少なくない。

八木さんは当時、それほど英語が得意ではなかった。こうなると、授業についていけない。講義中は、理解できない英語と黒板にチョークで何かを書く音が聞こえるだけだ。ときどき教授が口にする「ナルホード」という片言の日本語だけが聞き取れた。八木さんは、とてもなるほどと思えるような心境にはなれなかった。

そもそも、難解な数式を点字で学ぶこと自体が簡単なことではない。

例えば線形代数学という数学の授業では、教科書の一ページをまるまる使うような長くて複雑な式を扱う場合がある。視覚を使えば全体をすぐに見渡すことができるし、前後をいったりきたりするのは簡単だ。しかし、点字の場合は、数字や記号を一つずつ順番に読み取って、頭の中でつなげて長い式の全体を理解しなければならない。目で見るよりずっと時間がかかるし、集中力が必要だ。難解な数式に出会って「これはやばいな」と思ったことも一度ではなかったという。

それでも単位は何とか取っていった。

一方で、入学前に最も懸念されていたのは実験である。

大学の授業で行われている実験のカリキュラムは、晴眼者向けにつくられたものだ。基本的には、視覚を使わなければ実験を進められない。八木さんやICUの教員らが取り組んだのは、そもそもは晴眼者用に考えられた実験について、確認したい化学反応や物理現象などの達成目標はそのままに、目が見えなくてもできるように実験の方法を変えていくことだった。

週一回の化学実験は、鳥山先生が大学に通って八木さんの補助役を務めた。補助はしたが、データは八木さん自身が取ることが決まりだ。試験管に決まった量の溶液を入れるときは、重さを量って体積に換算した。はかりの目盛りの刻みは手で触って読んだ。試験管に入った溶液の液面の位置は、感光器を使って確認した。

また、当時出始めていたデジタル表示の測定器も積極的に活用した。デジタルの数字を読むには、「オプタコン」という器機を使った。オプタコンとは、小型カメラで写した墨字の形を触知盤に並んだピンの振動で表示し、視覚の文字を触覚に変換して指で読めるようにする装置だ。一九七〇年代初頭に米国の会社が発売し、日本ではキヤノンが代理店となって販売していた。この方法を使えば、実験で得られた数値の多くを自ら読み取ることができる。

苦労したのは、ガスバーナーでガラス管を熱して成形するガラス細工ぐらいだった。Ｌ字などに曲げるタイミングは、ガラス管が熱せられたときの色で判断する必要があり、さすがにこれは難しかった。だが、それ以外はほぼ問題なくできていた。

午後から始まる実験は夜遅くにまで及ぶことがあったが、鳥山先生は最後まで付き合った。

「視覚に障害があっても、十分にやっていける」

八木さんが実験する様子を見ていて、鳥山先生はそう確信した。

一方、物理実験には筑波大附属盲学校の石崎先生がＩＣＵに通って、授業前にＩＣＵの教員らと一緒に実験方法を考えた。

例えば、振り子の実験があった。ひもの先に金属球をつけた振り子を左右にゆらし、周期を測定する。一般的な方法では、振り子が決まった位置にきたのを目で確認して、ストップウォッチを押して周期を測定していく。

視覚を使わずにこの実験をするため、レーザーを利用した。まず振り子の金属球が最下点にあたる位置で、金属球にレーザー光が当たるように光源をセッティングする。するとレーザー光は、金属球が最下点に来たときは反射し、金属球が最下点以外にあるときはそのまま直進する。レーザー光が直進する先に感光器を置いておけば、金属球が最下点に来たときだけレーザー光が感光器に当たらなくなり、感光器の発する音が変化する。その瞬間に八木さんがストップウォッチを押して、そのデジタル数字を先述のオプタコンで読み取る。得られたデータは、視覚障害者用に点字が打ってあるグラフ用紙にプロットしていった。

振り子の周期を正確に知るためには、精密な実験が必要となる。素早く左右に動く振り子の位置を視覚で確認すると、どうしてもずれが生じてしまう。この実験の場合は、他の学生よりもレーザーを使った八木さんの方が精密なデータが得られた。

もちろん難しい点も多かった。

電気の実験では、電気信号の波形をモニターに映し出すオシロスコープを使うが、これは電気信号を視覚化する機械なのでそのまま使うのは難しかった。オシロスコープのデータをいったん機械の中で記憶させ、それをX—Yレコーダーという器機に入力して図形として紙に描き直し、それを立体コピー機で立体化して、手で触って読み取れるようにした。オシロスコープに示された波形を把握するだけで、他の学生よりも何段階も多く手順を踏まなければならなかったが、それでも八木さんは自分でデータを取った。

当初は教員も周囲の学生も、かなり気負っているところがあった。やや過剰なほどに、八木さんに積極的に実験をやってもらおうという雰囲気が実験室にはあった。

ただ時がたつにつれ、時間をかければ八木さんが実験をできると分かってくると、特別視する雰囲気は和らいでいった。八木さんの明るくひょうひょうとした雰囲気も大きかったのだろう。共同実験者たちも、八木さん一人では難しい実験器具の準備などを自然に手伝ったりするようになった。

一方で、八木さんが特殊な電卓を使ってプログラムを組んで実験データの解析をしているときは、まわりの学生が八木さんに結果を聞いてノートに記入していた。

「もちろんすべてを一人ではできないけれど、どの部分を分担できるか考えれば、実験はそれほど難しいことではないのだな」

近くでその様子を見ていた石崎先生はそう感じていた。

受けた影響

物理実験で八木さんのヘルパーを担当したのは、池田敏さんだった。八木さんの四つ年上で、当時はＩＣＵの大学院生だった。

ＩＣＵの理学科を卒業した池田さんは学部生時代、物理の研究者になりたいと考えていた。しかし、希望していた別の大学の大学院入試がうまくいかず、好きだった物理を学んだ経験を別の道でいかそうと、中学か高校の教員になろうと考えた。

ところが、それまで教員になろうとはまったく思っていなかったので、教員免許の取得に必要な単位が足りない。そこで大学四年の秋から単位を取り始め、足りなかった分は、ＩＣＵの大学院に入って理科教育について研究をしながら、学部生に混じって取ることにした。

池田さんはすでに物理実験の単位は取得していたが、化学実験は取っていなかった。そのため、八木さんと一緒に受講生として化学実験を受け、物理実験ではティーチングアシスタントという立場で八木さんをサポートした。

「八木君が自分でやらないと、ＩＣＵに入学した意味がないからね」

そのようにプロジェクトチームの吉野さんから、池田さんは何度も念を押されていた。池田さんは、実験が始まる前に担当教員らと予備実験をして、視覚を使わずに他の学生たちと同じ実験をするにはどうすればよいか考えていった。レーザーを使った振り子の実験はその一つだった。

池田さんから見ても、八木さんはとても器用だった。オプタコンを使って文字や波形を指先で読んでいく。勘もいい。視覚を使わずに他の学生たちと同じような実験をするのは大変だろうと思ったが、マイペースで気負った様子は感じられない。当初は「本当に実験ができるのだろうか」と少し心配していたが、それは杞憂に終わった。

池田さんは八木さんの実験がスムーズにいくように、実験方法を考えるだけでなく実験器具の準備なども手伝った。八木さんが他の学生と同じように実験ができたのは、池田さんのサポートによるところが大きい。

一方で、池田さんが八木さんから受けた影響も大きかった。

一般の学生にとって実験は、教科書に書いてあるマニュアル通りに器機を操作し、表示された値を記録してリポートにするということだった。池田さんも学生時代、そのように実験をこなした。

だが、八木さんにとっては、その一つ一つに壁がある。どうやったら見たい現象を適切な方法で観察できるかという、実験の本質的な問いにいちいちぶつからざるを得ない。そのためには、時間や手間はかかっても原点に戻って考えるしかない。すると、これまで何気なくやってきた実験の中にも「実はこんな意味があったのか」という発見がたびたびあった。

実験をする上で視覚がないことは、大きなハンディキャップであることは間違いない。だが視覚を使わないことで、むしろ本質に迫ろうとしたという側面があった。それは教員を目指す池田さんにとって貴重な経験だった。

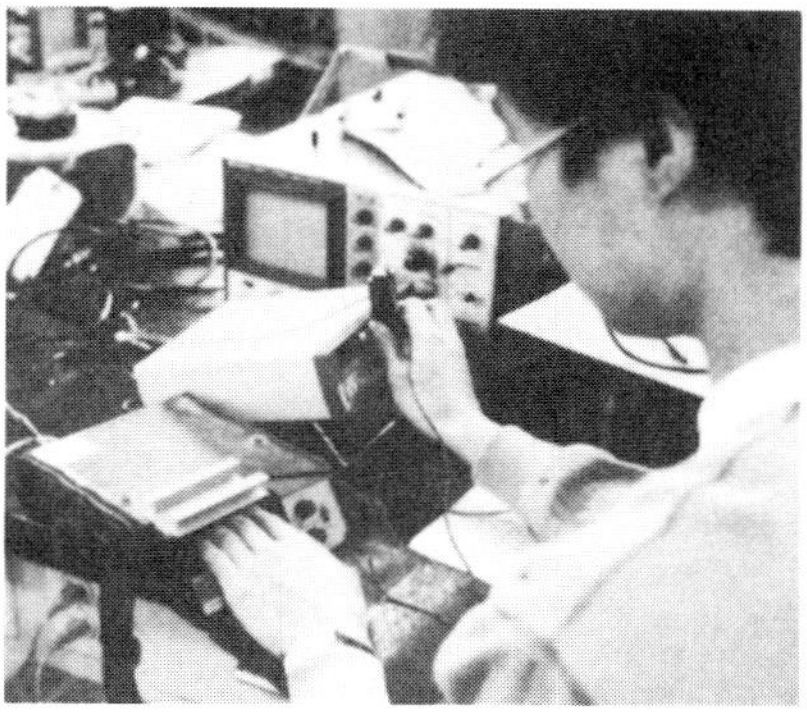

物理実験で電圧・電流計の値を読み取る八木陽平さん．右手のカメラでとらえた文字の形を，複数のピンの振動に変換して左手に伝える装置を使っている．

実験は夜遅くにまで及ぶので、ときどき実験の合間に二人で食事に行った。池田さんが運転する車で食事に出かけると、八木さんは「池田さん、そんなにスピードを出さないでくださいよ」と言う。聞くと、エンジン音の変化で分かるのだという。「視覚障害の人はこうやって情報を得ているんだ」と深く感心した。

食事が終わった後、八木さんを学内にある寮の前まで送り届けて車を止めた。すると八木さんが今度はこう言った。

「すみません池田さん、車がどっちを向いているかだけ教えてください」

八木さんは普段、白杖《はくじょう》をついて一人で自由に歩いていた。だから、寮の自分の部屋まで戻るのも当たり前にできると思っていた。だが、たしかに車に乗ってしまえば方向が分からなくなる。それでは歩き出せない。これまで考えたことのない感覚だった。これほど長く視覚障害者と接したのは初めてだった。実験中に限らず、刺激を受けることは多かった。

ちなみに、池田さんは大学院生のとき、筑波大附属盲学校で理科の授業を見学したことがある。実験の補助で大学に来ていた鳥山先生らと知り合ったことがきっかけだった。生物室に入ったら、机の上に動物の頭蓋骨が並んでおり、生徒が触りながらかなり高度な意見を言い合っていて、度肝を抜かれたらしい。

池田さんは大学院を修了後、独立行政法人国際協力機構（ＪＩＣＡ）が派遣する青年海外協力隊の隊員としてケニアに赴任する。首都ナイロビから西に五百キロメートル離れた村の学校で、数学や理科を教えるためだ。校舎は掘っ立て小屋で生徒は十三人。実験器具がないので、校庭に咲いていた花から指示薬を作り、酸性のレモン果汁とアルカリ性の灰汁で中和滴定の実験をした。色の変化を見た子どもたちの目は輝いた。着任して半年後には、いろいろあって二十五歳にして校長に任命されてしまい、ケニアの村で学校運営も担うことになった。飲料水の確保のために雨水タンクを設置し、教員を増やし、二年間の任期を終えて帰国するときは、生徒数は七十人近くになっていたという。

帰国後は高校の教員になり、現在は東京・渋谷にある青山学院高等部で物理を教えている。二〇〇九年には、第五十八回読売教育賞の理科教育部門で最優秀賞を受賞した。授業は実験を中心としたスタイルらしい。

大学院を修了してから三十年以上、八木さんとは会っていないという。八木さんがＪＡＸＡで働いていることを伝えると、「彼は優秀だったからなあ」と、とても懐かしそうに笑った。

八木さんと共に実験に取り組んだことは、池田さんにとってどのような経験だったのか。私がそう訊ねると、池田さんは少し考えた後、ゆっくりと話し始めた。

「大学院生時代、一つ一つの実験で何が分かるのか、その意味を考えさせられました。そして、実験ってこんなにおもしろいんだと知って、教員になったら実験中心の授業を組み立てたいと思っていました。それに、どんなバックグラウンドを持った人でも、認知できる方法を考えないといけないと思うようになった。八木君と出会っていなかったら、きっと今の僕はないと思う。土台を作ってもらった出会いでした」

アメリカへ

舞台を再び、八木さんの学生時代に戻す。

順調に学生生活を送っていた八木さんは、卒業後は物理の研究者になりたいと考えていた。それも、小さいころからずっと興味を持っていた宇宙分野でだ。

そのためには大学院に進学する必要がある。まず考えたのは東大の大学院だった。当時の東大には、宇宙の進化モデルであるインフレーション理論を提唱した佐藤勝彦博士がいた。東京都立中央図書館で、ボランティアに物理の雑誌を対面朗読してもらってその存在を知り、佐藤博士のもとで学びたいと思ったからだ。

ところが、大学四年の夏に受けた東大大学院の入学試験に落ちてしまう。

そんなとき、ふとかつてのルームメートの言葉を思い出した。

八木さんは学生時代、ICUの寮で暮らしていた。ルームメートに米国のカリフォルニア大学バークレー校から来た留学生がいて、しょっちゅう「バークレーは有名で良い大学だ」と聞かされていた。当時から「バークレーもいいかもな」と漠然と思っていたが、東大に落ちたことでその思いが強くなっていった。そこで、米国の大学院を目指そうと考えた。

まず友人と一緒に米国留学についての資料を集めて、宇宙論をやっている大学を二十ほど見つけ、片っ端から願書を出す。しかし結果は全滅。そこで、とりあえずはカリフォルニア州バークレーの語学学校に通い、そこから再び大学院を目指すことにして、大学卒業の半年後に単身渡米した。

バークレーは、こぢんまりとした暮らしやすい町だった。同じ下宿のフランス人と仲良くなって、楽しい留学生活だった。大学院を再び受験し始め、目標としていたバークレー校は落ちてしまったが、シカゴ大学やテキサス大学などいくつかの大学院に合格した。

シカゴ大学はノーベル賞受賞者を数多く輩出している超名門だったが、学費がそれなりに高い。一方で、当時は地元がオイルマネーで潤っていたテキサス大学は、学費が免除の上に、ティーチングアシスタントをすれば給料ももらえて、十分に生活ができそうだった。さらに、当時のテキサス大学には、一九七九年にノーベル物理学賞を受賞したスティーブン・ワインバーグ博士がいた。

八木さんはテキサス大学の大学院を選ぶ。宇宙の成り立ちや銀河の形成過程を理論的に研究するテーマにした。

ただ、研究はなかなか進まなかった。

大学院の研究では、英語の専門書や論文を数多く読んでいく必要がある。もちろん、はじめから点訳されているものなどない。ボランティアの学生にお願いして文献を読んでもらい、それを自ら点訳することを繰り返す。難解な数式を英語で聞き、それを点訳する作業はＩＣＵ時代よりも格段に大変だった。その作業に忙殺されて、研究を進めるという段階までに至らなかった。

テキサスではアパートで一人暮らしをし、生活自体は順調だった。だが「これをずっとやっていてもちょっと難しいな」とも感じていた。結局、大学院生活は三年ほどで切り上げ、退学して日本に戻った。

帰国後、八木さんはキヤノンで、大型ディスプレーなどの開発に携わる。そして一九九九年に宇宙開発事業団（ＮＡＳＤＡ、現在のＪＡＸＡ）に転職し、幼少期からずっとあこがれていた宇宙に携わるチャンスを得た。

当初は、小型衛星を開発するチームに配属された。八木さんは、得意だったコンピューターのプログラミング技術を生かしたいと考えていた。このころになると、音声の読み上げ機能などもできて、視覚が使えなくてもコンピューターを使える環境が整いつつあった。

だが、衛星の開発で用いるコンピューターのシステムは特殊で、点字や音声の読み上げ機能などを使えない。周囲の研究者たちも優秀で、サポートをつけてもらってまで八木さんが積極的に関わるのは難しかった。

数年間在籍したが、上司から英語の翻訳でなら活躍できるのではないかとの勧めもあり、研究開発の現場を離れて調査国際部に異動した。

八木さんの述懐

現在はＪＡＸＡに勤務する傍らで、日本ブラインドマラソン協会の常務理事を務めている。実際に走ることも続けており、平日は体育館のランニングマシーンで、週末は伴走者と一緒にトレーニングは欠かしていないという。

八木さんは、全盲の学生としては日本で初めて大学で物理学を専攻した。視覚障害者にとって新しい可能性を拓いた。さらに物理の研究者を目指してアメリカに留学し、ＪＡＸＡで衛星の開発にも携わった。

一方で、苦労は多かったように思う。

まずは専門書を一つ一つ点訳しなければ、物理を学ぶというスタート地点に立てなかった。実験には多くの時間を要した。物理の研究者を目指したが、今の仕事内容はかつて思い描いていたものとは違うのかもしれない。

物理の道に進んだことを八木さんは今、どのようにとらえているのだろうか。

「まあ、物理が好きなんでね。やりたいと思ったことができたっていうのが良かったと思いますね。仮に高校生のときに、大学で数学を学ぶことを選んでいたら、その方がもしかしたらうまくいっていたのかもしれない。だけど、きっと『物理をやりたかった』という思いはずっと残ったんじゃないかなあ。あのとき、自分で進みたいと思った道を選べたことは本当に良かったと思っています」

八木さんは自らの夢に向かって挑戦した。もしかすると、達成できなかったことの方が多かったのかもしれない。だが挑戦して全力を尽くした経験が、八木さんにとって何より価値のあるものだったのだろう。

みなにとっての挑戦

ＩＣＵは八木さんの卒業後、八木さんの学生生活の記録を二冊の冊子にまとめた。工夫された実験方法や履修した科目一覧などに加え、関わった教員や学生たちが書いた文章も収録されている。

「編集後記」として、編集責任者を務めた理学科の田坂興亜準教授（当時）はこう記している。

理系専攻の視覚障害者（全盲）の受け入れは、外では「英断」と評価されたものの、ＩＣＵにおける直接の関係者にとっては、やはり当初は、「強いられた十字架を背負う」という意味あいが色濃かったように思う。しかし、筑波大附属盲学校の先生方を始めとする色々な方々の御助力を得て、当初不可能と思われた事がひとつひとつ解決され、可能になってゆくのをまのあたりにして、労苦は次第に喜びへと変わっていった。

全盲として初めて大学の物理学専攻へ進むことは、八木さんや盲学校にとって挑戦だった。一方で、受け入れたＩＣＵにとっても大きな挑戦だった。受け入れに際しては、大議論になった。だが、ＩＣＵの教員たちは前例がないという理由で断ったりはしなかった。そして受け入れを決断した。

その結果、全盲であっても大学レベルの物理を十分に学べるということを示せた。それだけでなく、関わった教員や学生たちに、科学を学ぶとは何かという、根源的な問題を考えるきっかけを与えた。

八木さんの受け入れで中心的な役割を果たし、入学後もプロジェクトチームの中心だった吉野さんは、ＩＣＵを退職するまでの三十三年間、点訳サークルの顧問を務めた。

吉野さんとは都内の喫茶店で会った。七十代半ばながら、語り口は若々しく、「はっはっは」と愉快そうに笑う人だった。退職して十年近くがたった今でも、卒業生たちとの交流は続いているのだという。

「八木君は私に、豊かな学生生活を送ることができたと言ってくれますけど、私も含め周りもあの時期を楽しんだなあ。受け入れを決断して、ＩＣＵは本当に得をしたと思いますよ」

吉野さんはそう言うと、また「はっはっは」と愉快そうに笑った。

大学で化学を学ぶ

全盲の学生で初めて化学の道に進んだのは、八木さんの大学入学からさらに十五年ほども後の一九九九年に東京大学に入学した浦野盛光さんだ。

危険な薬品を扱うこともある化学を専攻するのは、物理よりもさらにハードルが高かった。栃木県出身の浦野さんは、中学から筑波大附属盲学校に通った。すべての教科にわたって成績優秀だった浦野さんが、化学の道に進みたいと思ったのは、鳥山先生の授業がきっかけだった。授業は毎時間、実験である。さまざまな薬品を使い、実験を繰り返した。多様な性質をもつ物質の世界に魅力を感じ、この世界をもっと知りたいと思った。

それまで全盲の学生が、大学で化学を専攻した前例がないとは知っていた。だが「やった人がいないなら、挑戦する価値がある」とも思った。

鳥山先生は、別の用事で米国カリフォルニアに行ったとき、米国内の障害のある研究者の名前、経歴、障害の種類や連絡先がまとめられた名簿を見つけた。そこには、視覚だけでなく身体や聴覚など別の障害者も含まれており、電話帳のような分厚さだった。視力を失った時期が十七歳より前で、化学を専攻している人という条件で、名簿を一ページずつめくって探していくと、その条件に合う研究者が二人だけいた。

鳥山先生からその情報を聞いた浦野さんは、さっそく英語で電子メールを送ると、そのうちの一人であるニュージャージー工科大学の研究者から「がんばってやりなさい」という内容の返信が来た。

さらに、英国のケンブリッジ大学とサウサンプトン大学で、化学を専攻している全盲の学生がいるという情報も得た。そこで、浦野さんや鳥山先生らは春休みを利用して現地に向かった。学生本人や大学の担当者たちから話を聞き、実験のやり方などをリポートにまとめて、入学を希望していた東京大と都内の複数の私立大に提出した。

いずれの大学も受験を認めてくれたが、東大の受験には一つ問題があった。

東大の理系は、理科一～三類に分かれて入学し、三年次に各学部の専攻に分かれる。東大は、入学は認めるが、全盲の浦野さんが理学部の化学科に進学するのは難しいという返事だった。

浦野さんは最初、立教大学の化学科に合格した。立教大は浦野さんの入学に向けて、積極的に準備を進めようとしてくれていた。

一方でその後、東大理科一類にも合格した。最難関の入試を突破した達成感はある。だが、化学を専攻できるかどうかは不透明だ。浦野さんは迷った。化学を専攻できないのなら意味がないと思って、立教大学への入学に気持ちが傾いていた。

すると合格発表の翌日、東大教養学部の教員三人が盲学校を訪れた。そして浦野さんにこう話しかけた。

「目が見えないという理由で化学が学べないのはとんでもないことだ。ぜひ東大に来てほしい」

東大では理学部だけでなく、工学部や教養学部でも化学を専攻できる可能性があるという説明も受けた。

浦野さんは東大に進むことを決めた。

その場には鳥山先生もいた。大学から受験を断られ続けていた時代を思い返していた。目の前では、大学の教員がぜひ来てほしいと言ってくれている。

「時代が変わったんだなあ」と感慨深かった。

浦野さんは東大で三年次から工学部応用化学科に進み、理論化学を専攻した。コンピューターを使って新しい物質を設計する研究で、東大大学院の修士課程まで修了した。現在は、川崎市視覚障害者情報文化センターに勤務し、理科記号の点字表記を改訂する仕事などに携わっている。

生物学を専攻する学生は、まだ出ていない。だが、環境分野などを選ぶ学生は近年増えているという。

鳥山先生は九八年に、筑波大の助教授に転じた。二〇〇一年には教授になり、視覚障害教育分野の人材育成を進めた。

三十年近い盲学校の教員生活では、視覚障害者がより深く理科を学べるように授業を作り上げてきた。そして、全盲の生徒たちが大学で自然科学を専攻するという壁も越えた。

だが、鳥山先生にはずっと心に引っかかっていたことがあった。

それは、全盲の生徒として初めて大学で自然科学を専攻したいと希望した江藤昌弘さんを、好きだった化学の道に進ませてあげられなかったことだった。

支援の側へ

一九八二年四月、江藤さんは横浜市立大学に入学した。

盲学校時代は化学専攻を目指したが受験を許可してくれる大学はなく、一年の浪人を経てこの大学の数学科に入学したのだった。自宅のある東京都東村山市からキャンパスのある横浜市・金沢八景までは、電車で片道二時間の通学だった。

数学科の同学年には三十人ほどの学生がいたが、そのうちの五人とすぐに仲良くなり、一緒に授業に出たり、友人宅に遊びに行ったりするようになった。また、軽音楽のサークルにも入り、バンドを組みボーカルを担当。横浜市内で開かれた音楽会社主催のコンテストでは、ベストボーカル賞を受賞した。肝心の数学は苦手なままだったが、何とか単位は取得して数学の教員免許も得た。

一方で江藤さんは、大学生になってから盲ろうの人たちの支援に加わるようになった。きっかけは、筑波大附属盲学校の一学年下で、今は東京大学先端科学技術研究センター教授を務める福島智さんの存在だった。

全盲だった福島さんは盲学校の高等部二年生の冬、聴力が極端に落ち、盲ろうになった。その後、盲ろう者として初の大学進学を目指し、関係者たちにより「福島智君とともに歩む会」が結成された。八三年に福島さんが東京都立大学に合格後も、会のメンバーらが通訳などを担った。

福島さんが主に使っていたのは、指点字という方法だった。これは福島さんの母親が思いついたものだ。点字は縦三点、横二列の計六つの点の並びで文字を表すが、指点字はこの六つの点を左右の人差し指、中指、薬指の計六本に対応させたものだ。通訳する場合は、主に横に座ってお互いの手を重ねるようにして指をタッチさせていく。江藤さんも福島さんの通訳をするようになり、定期的に東京都立大の授業に通っていた。

江藤さんはそのような活動をしているうちに、榎本悠起枝さんという五十歳手前の盲ろう者の女性と出会った。

幼少期から弱視だった榎本さんは、中学生の頃から三味線を習い始めた。すぐに頭角をあらわして、学校を卒業するとプロの民謡歌手と一緒に全国を回って舞台に立った。また三味線の師匠として、多いときには七十人以上の弟子を抱えていた時期もあった。

ただ視力はだんだんと落ちていき、四十代半ばだった一九八〇年に、事故がきっかけとなって視力だけでなく聴力も同時に失ってしまう。当時、榎本さんは東京都北区にある生まれ育った一軒家で一人暮らしをしていた。

江藤さんが榎本さんと会ったのは、それから数年がたってからだ。

初対面で、江藤さんにあいさつをした榎本さんは、聴力を失っているとは思えないほどはっきりとしゃべることができていた。ただし、まだ指点字は覚えていなかった。すると榎本さんは、向かい側にいる江藤さんに手のひらを差し出してきた。

「ここにあなたの向きからでいいから、カタカナを書いてみて」

突然のことだったが、江藤さんは手のひらに「コンニチワ」と書いた。一文字書くたびに、榎本さんはその文字を声に出した。全盲の江藤さんは普段、点字を使っていて、カタカナを書く機会はない。小学生のころに父親から「ひらがなとカタカナくらい書けるようになっておけ」と言われて練習させられたことが、十数年後に思いもよらない場面で生きた。

ある日、ボランティアの学生らと一緒に、榎本さんが一人暮らしをする自宅に招待された。食卓に炊きたてのご飯やサラダなどと一緒に、ササミの揚げ物が出てきた。それも揚げたてのような温かさだ。江藤さんは、全盲の人が揚げ物をするときは、揚がり具合を音で判断すると聞いたことがあった。最初は水気を含んだ泡の音が、徐々に乾いた音になるのだという。しかし、榎本さんはその音を聞くことはできない。

「これは誰が揚げたんですか?」

失礼を承知で江藤さんは訊ねた。榎本さんは「私よ」とそっけなく答えた。

榎本さんは自分でササミに衣を付けると、油の中に入れて、ずっと菜箸をササミにくっつけたままにしておく。手で油による振動の変化を感じとって、揚がり具合を判断していた。

「これは相当練習したのよ。鍋から火が出て、天井を焦がしたこともあったわ」と、榎本さんは誇らしげに話していた。

さらに驚いたことがあった。榎本さんが通訳を介さずに一人で電話をかけてきたのだ。

まず、一方的にしゃべりはじめる。

「今から言う質問の答えがイエスだったら『はい』って言って、ノーだったら無言でいてね。それで、明日はうちに来れるの?」

電話はスピーカーフォンの設定にしてあり、榎本さんはスピーカーの部分に手を置いている。相手が「はい」と言うと、手に振動が伝わって分かるという仕組みだった。もし、江藤さんに都合があって行くことができない場合は、無言のままということになる。

これは榎本さんが独自に考えた電話の方法だった。さらに、自分が質問するだけでなく、相手の言いたいことを聞き出す方法も編み出していた。

例えば待ち合わせをする駅を決めるとき、榎本さんがまず「明日はどこの駅で集合するの？」と訊く。続けて榎本さんが訊ねる。

「ア？」

一文字目は「ア行か？」という意味だ。もし江藤さんが「渋谷」と答えたい場合は、ア行は違うので黙っておく。すると次は「カ？」とくる。それでも黙っていると「サ？」とくるので、江藤さんはここで「はいっ」と大きな声で返事をする。

「サ行なのね。分かったわ。サ？」

江藤さんは黙っておく。

「シ？」

「はいっ」と返事をすると「最初は『シ』なのね。ア？」と、次は二文字目に移る。この調子で「フ」と「ヤ」のところで返事をすれば、榎本さんに「シフヤ」(＝渋谷)が伝わる。ちなみに、濁音は前後から推測するという仕組みらしい。

榎本さんは賑やかな雰囲気を好み、話し好きだった。何とかして離れた人ともコミュニケーションを取ろうと考え、改良を重ねて作り上げた方法だったのだろう。榎本さんの執念が生み出した、手でする電話だった。その執念は並大抵のものではなかった。

榎本さんは、東京の下町生まれの江戸っ子だ。竹を割ったような性格で、少しせっかちなところもある。電話中に江藤さんが油断していたら、返事をする前に次の行にいってしまったことがあった。すると、ア行からワ行までずっと無言が続いてしまう。

榎本さんは怒り出す。

「なによ、何も言わないじゃない」

しばらく沈黙が続いた。

江藤さんも少し気まずくなって、どうにかしたいと思うがどうすることもできない。諦めて電話を切ってしまおうかと思っていると、受話器から榎本さんの声がした。

「ア?」

自身の体験をベースに

江藤さんは大学を卒業すると、しばらく家庭教師などをして生計を立てた後、横浜市にある「神奈川県ライトセンター」に就職した。主に視覚障害者のボランティアを養成する仕事だ。仕事仲間と一緒にコンサートを企画し、三味線の師匠だった榎本さんにも演奏してもらおうと考えた。

榎本さんは指の動きを覚えていて、耳が聞こえなくなってからも三味線で曲を演奏できた。問題は調弦だった。曲ごとに三本の糸を細かく調整する必要があった。

そこで、音感には自信のあった江藤さんが「耳」の役を担った。ステージ上では、黒い衣装を身につけて榎本さんの後ろにまわる。榎本さんは、まずは糸を調節して音を少しずつ上げていく。音がまだ低い場合は、江藤さんが榎本さんの背中を上になで上げる。上がりすぎてしまったら、今度は背中を下に向かってなでる。うまく合えば、背中に指でマルを描いた。コンサートは好評で十年ほど続いた。

榎本さんは世話を焼くのが好きだったので、他の盲ろう者も一緒に参加できるような旅行を企画していた。自ら旅行代理店に行って、交渉や打ち合わせをする。江藤さんは通訳者としてよく同行した。

ただし、指点字による通訳が必要なので時間がかかる。担当者によっては、早く交渉を進めようと、榎本さんにではなく横にいる江藤さんに答えを求めるようになってくる。だが江藤さんはあえて知らん顔をして、担当者が話した内容を指点字で榎本さんに伝えていった。

後ろで順番を待っている客から、冷たい視線を感じる場面もあった。だが、タイミングは遅れるものの、指点字で質問を理解した榎本さんは的確に答えを返せた。江藤さんはこのスタイルを貫いた。

それは自身の体験がベースになっていた。

友人と買い物に行ったとき、自分の財布から代金を支払い、おつりを受け取ろうと手を出すと、自分ではなく横にいる友人に手渡されたことがあった。具合が悪くて病院に行ったら、医師が、自分ではなく同行者の方を向いて病状の説明をし始めたこともあった。そのたびに残念な思いをした。

ときには、榎本さんとうまく意思疎通ができずにいらいらした相手が怒り出してしまう。通訳者としては、はらはらする場面だ。自分が適当に取り繕えば相手の気持ちはきっと収まる。しかしそれでは、榎本さんがその場にいながら、話し合いに参加していないことになってしまう。だから江藤さんは「これを伝えたらきっと榎本さん、怒るだろうなあ」と思いながらも、相手の怒っている内容も指点字で正確に伝えた。怒りは指をはじく力で表現した。

案の定、榎本さんまで怒り出して、言い合いになった。

あるとき、「そんなことまで通訳されると思ってこっちは言っていません」と担当者がぼやいた。これには江藤さんが怒った。

「聞こえないから言ってもいいだろうというのは失礼です。言ったのなら、伝わらないなんてあり得ないと思ってください」

時間はかかったが、いつも賑やかな交渉になった。

榎本さんは年を重ねるにつれ、どんどん活動的になっていった。友人たちとの海外旅行にも積極的に出かけた。一人暮らしの自宅には、ボランティアの学生らが頻繁に訪れ、いつも榎本さんが手料理でもてなし、ときには夜遅くまで酒盛りをした。晩年は体調を崩しがちだったが、それでも外出はやめず、自宅はいつも賑やかなままだった。

二〇一〇年十月、榎本さんは七十五歳で亡くなった。葬儀には三百人近い人が参列した。

江藤さんは、神奈川県ライトセンターで働いておよそ三十年になる。ボランティアの養成講座で講師を務めるなど、忙しい毎日を過ごしている。得意の歌も続けており、定期的に大学の学園祭などで披露しているそうだ。

今でも化学が好きで、ときどき関連する書籍を手にする。だが大学で化学を専攻できなかったことに、悔いはないのだという。

「榎本さんに出会って、人の役に立つということを実感できたのは、僕にとって何より大きかった。もしもあのとき、大学で化学を専攻できていたらって考えないこともないです。でも、その代わりに進んだ道も、それはそれなりに悪くなかったですよ」

二〇一七年春、東京都内にあるホテルの大広間を貸し切って、盲学校関係者の祝賀会が開かれた。百人以上が集まった会場で、鳥山先生は遠くに江藤さんを見つけた。

鳥山先生には、江藤さんにずっと伝えたいと思っていたことがあった。会合が終わると、江藤さんのところに駆け寄った。

「江藤君は、とにかく化学が好きだった。そんな江藤君を化学の道に進めさせてあげられなかったことが、ずっと心残りだった。でも、その思いがその後の私の教師生活を支え、後輩たちの進学につながったのよ」

江藤さんはやや驚いた表情をした。そして、「ずいぶんと昔の話ですね」と、少し照れたように笑った。

江藤さんは、何とも言えないうれしい気持ちになっていた。
卒業後もずっと自分のことを気に掛けてくれていた恩師の思いが、心にしみた。

コラム

大学入試の点訳

視覚障害の生徒が大学を受験する場合、一般の受験生に比べると必要な手続きは多い。まず、入試の三カ月ほど前に、点字での受験が必要なことなど「受験上の配慮」をまとめ、大学に提出しなければならない。その後、生徒は大学側と、入試や入学後に必要な配慮の内容について細部まで協議する。そのため、一般の生徒に比べればかなり早い時期に志望大学を絞る必要がある。

全盲の場合は点字、弱視の場合は、一般の文字(墨字)を大きくした拡大文字などで試験を受ける。試験時間は、点字の場合が通常の一・五倍、拡大文字などの場合は一・三倍だ。

点字での受験が行われる場合、ほぼすべての大学は試験問題の点訳を「全国高等学校長協会入試点訳事業部」に依頼する。同事業部は一九九〇年に設立され、入試だけでなく模擬試験などの点訳も担う。事務局は筑波大学附属視覚特別支援学校(東京都)内に置かれ、同校の教員や専門性の高い点訳ボランティアらが協力。大学から支払われる点訳料などで運営されている。

入試の当日は、午前六時過ぎには教員やボランティアら一〇人ほどのチームが大学に集合。試験の開始時間に間に合うように問題を点訳する。しかし、墨字をただ点字にすればいいというものではない。点字では解答できない漢字や図示の問題は、大学側と協議しながら代替の問題を作成するなど、出題方法を変更する。さらに、改行の位置やレイアウトは読みやすいように工夫する必要がある。点訳の技術だけでなく教科における専門性も求められるのだ。試験日は、早朝から夕方まで大学に缶詰状態になる。

専門性をもったボランティアの数は限られており、同じ日に入試がいくつも重なってしまうと、対応できない可能性がある。そのため、筑波大学附属視覚特別支援学校では、一般受験での出願は一人三回程度を原則としている。それでもボランティアによっては、年に一〇回以上、入試点訳に取り組む。

同事業部によると、入試点訳に対応できる専門性の高い点訳ボランティアの平均年齢は七〇歳代と高齢化している。かつては子育てが一段落した主婦層が中心だったが、共働きが増え、点訳に取り組む若年層は少ないという背景がある。事務局の担当者は「このままでは、あと一〇年ももたない」と危惧している。

コラム

大学進学の現状

コスタリカでの大下歩さん

かつて視覚障害者の進路は、盲学校の高等部を卒業後、盲学校の専攻科に進んで理療を学ぶのが一般的だった。視覚障害者の大学進学者は、一九七〇年代ごろから増加し、それに伴って職業選択の幅も広がっていった。

全国盲学校長会の大学進学支援委員会によると、二〇一七年度の全国の盲学校の卒業生で、大学に進学したのは四〇人。そのうち、全盲で点字を使っている生徒が一四人、弱視で墨字を使っている生徒が二六人だった。近年の大学進学者数は、一六年度が三三人、一五年度が四〇人と、ほぼ同じような数で推移している。大学進学以外では、専攻科に進んで理療を学ぶ場合が多い。

合格が決まると、出身の盲学校のサポートを受けながら、学生自身が教科書の点訳など入学後に必要な支援を大学側に説明し、学ぶための環境をつくっていく。大学側には「合理的な配慮」が求められるが、大学によっては予算や人材が不足していて、十分な支援体制ができていないという。筑波大学附属視覚特別支援学校で、長く進路指導を担当してきた青松利明教諭は「そもそも視覚障害の学生は人数が少なく、仮に受け入れた経験のある大学でも、現場でノウハウが蓄積されにくい。質の高い支援を継続するための、公的な仕組みを確立する必要がある」と指摘する。

大学入学後、盲学校の卒業生たちは各分野で活躍している。筑波大附属視覚特別支援学校を卒業して国際基督教大学（ICU）に入った大下歩さんは、中米・コスタリカの自然保護を研究し、実際に現地に足を運んでいる（写真）。二〇一八年に大学四年生になった大下さんは、一年間の予定でコスタリカに留学。障害者と自然とのかかわりについて学んでおり、「現地の人たちとふれあいながら、自然をじっくり見てきたい」と話す。

大学を卒業後は、一般企業の社員、公務員、学校や大学の教員、弁護士などの職種に就く人がいる。ただし職業選択の幅が十分に広がったとはいえず、課題はまだまだ多いのが現状だ。

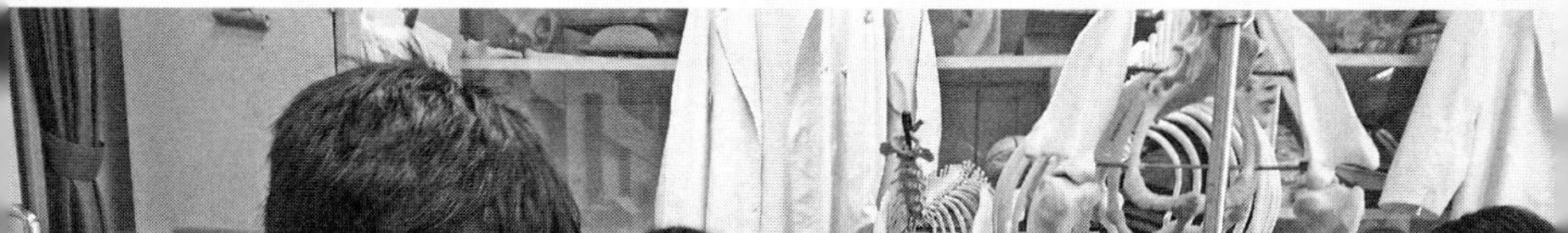

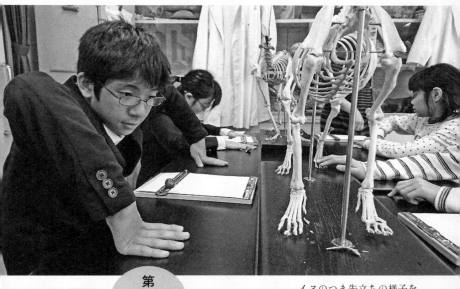

イヌのつま先立ちの様子を
自らの手で再現している
坂本孝暁君.

第四章 「考える観察」の先に

「はーい、それじゃあみんな今日も骨を触っていくよ」

筑波大学附属視覚特別支援学校の生物室には、武井洋子先生のいつもの声が響いていた。

年が明けた。私が生物の授業に通い始めて、三カ月がたっていた。

年末には、中学一年生みんなで東京・上野動物園に出かけて、かつて飼育されていた動物の頭蓋骨を触る実習があった。動物園の一室にはキリン、トラ、カバ、ヒグマなど動物園の主役クラスの頭蓋骨が勢揃いしていた。いつもの授業と同じように、事前に動物の名前を知らされず、骨の特徴を観察して何の動物かを当てるというスタイルだった。生徒たちは、それまでに学校でイヌやウサギの頭蓋骨を触って身につけた観察力を存分に発揮していた。

いくつかの発見

この日の授業は、動物園での実習以来初めてだった。

「みんな動物園でいっぱい頭蓋骨を見たね。いろんな特徴を見て、考察して、何が一番の発見だった?」

まずは実習の感想を発表するところから、授業が始まった。

「やっぱり僕はヒグマだな。クマは肉食っていうイメージだったけど、歯を触ってみたら雑食だった」

カバの頭蓋骨を触った生徒たちは，その大きさに驚いていた.

山下蒼空君はクマの頭蓋骨を触ったとき、後頭部に立派な突起があり、頬骨が大きく張りだしていることから嚙む力が強いと考えた。さらに立派な牙もあったが、大臼歯がハサミのように擦れ合うという肉食動物の特徴はなかったので、雑食だと予想したのだった。

武井先生らと一緒に実習を担当した上野動物園の職員は、「二十年以上この実習をやっていて、ここまでの予想が出たのは初めて」と驚いていた。

「僕はやっぱりカバだな。触ってみたらでかくて、最初は何かよく分からなかったから」

たしかに、北郷宗大君の触ったカバの頭蓋骨は、机からはみ出しそうなほど大きかった。

「分からないところが好きだったんだ。それを知りたくて探ってやろうと思ったんだね。じゃあ大成功だ」

武井先生はうれしそうだ。

最後に小林友香さんが、動物園の実習だけでなく、授業で頭蓋骨を触ってきたことも含めて感想を話した。

「今まで動物の形はある程度想像できていたけれど、目とか耳とか詳しいところはよく分からなかったので、細かいところまで触れてよかったです」

「小林の言うとおり。知っているようでよく知らなかったということだよね。細かいところまで意識をもって見ると、いっぱい分かることがあるんだね」

感想を一通り発表し終えたところで、この日も、骨を触り始めることになった。

授業に入る前に、前半の三カ月を少し振り返ってみたいと思う。

何度も言うが、この授業は中学一年の後半の半年間にわたって動物の骨を触り続ける。年が明けて、この授業の半分が終わったことになる。つまり私にとっても、この授業の取材が折り返し地点に来たということだ。

生徒たちは授業中に骨をじっくりと触って、たくさんの発見をする。その発見をもとにして考察を深めていく。私はこの三カ月間、生物室の隅に置いた角椅子に座って、ずっとその様子を見ていた。その結果、生徒たちだけではなく、私にもこの授業についていくつかの発見のようなものがあった。私も生徒たちのように発表してみたいと思う。

まず武井先生についてである。

武井先生は高性能の受信アンテナのようである。

生徒は骨を触って何か気付くと、自由に発言をする。だがいつも大きな声で発言するわけではなく、自信がないときなどは、小さな声でもごもご独り言のようにしゃべる。私はその発言をよく聞き逃す。だが、武井先生はそれを逃さない。

「えっ、なになに、もう一回言って」と生徒に近寄っていって、改めて生徒に発表をさせる。そして生徒の三倍くらい大きな声で、「ちょっと聞いてみんな、大発見だよ」と、その意見を教室全体で共有してしまう。

しかも、すべての発言についてそうするわけではない。生徒の意見は正解だけでなく不正解も絶妙なバランスで取り上げて、そこにスポットライトを当てていく。その意味では、信号を増幅するアンプ（増幅器）のようでもある。

この授業は生徒の発見をもとに進むが、それぞれの生徒がただ自由に発言するだけでは、当然ながら授業は進まないし、考察は深まってはいかない。この授業スタイルは、ともすれば、ただの雑談になってしまうリスクをはらんでいる。生徒の発言をどのようにすくい上げるのか、それをどう展開していくのか、きっと武井先生の中には、綿密な幾通りものシナリオがあるのだろう。

次に、この授業は知識を押しつけないということだ。

とにかく生徒が目の前にある骨を自分でしっかり触って、生徒自身で考えるという姿勢は一貫している。

その間、武井先生はいろいろな質問をする。観察するためのヒントを小出しにする。ときどき途中で話が脱線して雑談になったりもする。生徒の反応は薄いが、ダジャレが飛び出すこともある。そうやって生徒の中の奥深くにある何かを刺激して、好奇心を振動させていく。そのうち、生徒から芽がわずかに頭を出し始めることがある。

すると「そうだよ、そうだよ」「すごーい」「なるほどね」とほめて、芽を外側に伸ばしていく。できあがった知識を一様に植え付けはしない。

取材中、武井先生が一冊の本を紹介してくれた。書店で偶然見つけて、「同じように考えていた人がいたんだ」と感動して、買い求めたのだという。

生化学者で東京大学名誉教授だった木村雄吉博士(一九〇四〜八九)が上梓した『動物の解剖と観察』という本だ。初版は一九四六年で、出版社によると再改版は二〇〇三年の十刷までいったらしい。

国会図書館に、一九八三年発行の科学雑誌に収録された木村博士の写真付きの対談記事が残っていた。当時、木村博士は七十歳代後半だが、端正な容姿で、縁の太い眼鏡の奥から鋭い眼光を放っていた。

この本がユニークなのは、解剖学の手引き書でありながら、図版が一枚も載っておらず、すべてが文字だけで説明されているという点だ。

この〝画のない解剖書〟を出版しようと考えた経緯について、木村博士は「まえがき」でこう説明している。骨を触る授業の理念と重なる点は多いように思う。

未だ批判の力量をもたず、今から自然を学ぼうとする青年にとっては、解剖図はむしろ或場合には観察の妨げとなるということを、事実によって私は悟らしめられたからである。明確な解剖図はややもすれば未経験な観察者を先ず圧倒し去るか、或は、自然は伍し易しという安易な心組を植え付ける。（中略）このような弱々しい精神に向っては自然は何ものをも語りはしない。既成の解剖図によって投げ与えられた先入見は、或場合には、我々と自然とを隔てる障壁となる。観察者は、どこまでも自由に見、自由に考え、深く知ることの喜びを味うべきであろう。

そして最後に、「骨は語る」という点である。

動物の牙は鋭く外側に露出している部分より、頭蓋骨に埋まっている部分にこそ真実があったとは、驚きであった。触っているのは、ただの骨である。生きていたときの動物を構成していた筋肉も毛皮も付いていない。だが骨には、穴にも突起にも空間にも、生きていたときの姿を考えるヒントが詰まっている。じっくり観察すれば、動物の骨は私たちに、ありのままの姿を見せてくれるのだ。

この授業を最初に考えた青柳昌宏先生は、視覚に障害がある生徒たちが触って動物の多様性を学ぶのには、骨が適しているということを見抜いていた。はく製でも模型でもなく、骨だからこそできる授業だったのだ。そして授業を一緒につくり、二代目として授業を引き継いだ鳥山由子先生は、その考えをベースにして体系化された今の授業の形を作り上げた。

だが取材を進めていくうちに、もっと昔に一部の盲学校で、骨が教材として利用されていたと耳にした。それも、動物ではなくヒトの骨である。

戦前に、盲学校の生徒たちが人体を学べるようにするため、自分の遺骨を献体した人たちがいたというのだ。

今も昔も、視覚障害者は、あんまや鍼灸など「理療」と呼ばれる仕事に就くケースが多い。ルーツは江戸時代にまで遡る。全盲の鍼灸師である杉山和一(一六一〇~九四)が将軍・徳川綱吉に仕え、講習所を開いて、視覚障害者が鍼灸師として生計をたてる道を開いた。そのため、日本の視覚障害者は世界的に見ても、古くから経済的に自立していたとされる。

鍼灸の仕事では、人体の仕組みを理解することが不可欠だ。それも視覚を使わずに、だ。盲学校の歴史に詳しい京都府立盲学校の非常勤講師、岸博実さんによると、新潟、島根、福岡の三県の盲学校で、遺骨が献体された記録が残っているという。さらに、いずれも全身骨格らしい。戦前といえば、今よりずっと家意識が強く、亡くなった後は一族の墓に入ることが当然だったはずだ。そんな時代に、誰がどういった経緯で自分の遺骨を盲学校へ寄贈しようと思ったのか。これは、一連の取材につながる何かがあるかもしれない。

授業の合間に、私は島根に向かった。

遺骨を献体した人たち

松江市と出雲市を結ぶローカル鉄道・一畑電車が、線路と平行した国道を走る私の車を追い越していった。島根県立盲学校は、松江市の中心部から少し外れた宍道湖の畔から、少し坂道を登った高台にあった。

「平治先生が遺骨を献体してくださった気持ちに感謝しながら、生徒たちは骨を触って学びました」

遺骨を献体した福田平治について語る小川幹雄さん.

盲学校では、元教頭の小川幹雄さんが迎えてくれた。小川さんは、この学校の卒業生だ。東京の大学を卒業後、母校に戻り、数年前まで五十年近くにわたって生徒たちに理療を教えた。まさに生き字引のような人物である。

好々爺然とした風貌ながら、視覚障害者の全国団体である日本盲人会連合の副会長であり、島根県視覚障害者福祉協会の会長も長く務めている。

小川さんの言う「平治先生」とは、地元で「山陰社会事業の父」と呼ばれている事業家、福田平治(一八六六〜一九四二)のことだ。島根県立盲学校の前身である松江私立盲唖学校を創立した福田与志(一八七二〜一九一二)の兄である。

平治が社会福祉に取り組んだきっかけは、一八九三年に松江市を中心に発生した大水害だった。親を亡くした子どもたちが浮浪児となり、街中をうろつくようになっていた。

当時、市内で印刷所を経営していた平治は、子どもたちを救済するよう行政に要望したが、聞き入れてもらえなかった。そこで私財を投じて「松江育児院」を設立し、浮浪児たちを受け入れた。山陰地方では初めての児童養護施設だったという。

妹の与志は地元で小学校の教師をしていた。就学できない聴覚障害の少女と出会ったことがきっかけで、障害者教育の道に進むことを決意する。小学校を退職して京都に行き、すでに設立されていた京都盲唖院で学ぶ。その後、島根に戻って一九〇五年に松江私立盲唖学校を開校した。

戦前は今と違って、盲学校は義務教育機関には位置づけられていなかった。そのため、視覚障害のある子どもは学校に通えないケースが多かった。

明治時代に入ると全国各地で盲学校の設立の動きが出始めるが、多くは地域の有力者や宗教家、視覚障害者自身が私財を投じたり、寄付を募ったりして開学した私立校だ。そのため公的支援は乏しく、各校とも資金難で校舎の確保や教材集めに苦労した。

松江私立盲唖学校も資金の確保は大変だったようだ。

当時の資料によると、開校時は借り受けた民家の一部に黒板や机が並べられた。児童数は視覚障害と聴覚障害の児童合わせて十人程度。寄宿舎も併設され、与志らが世話をした。

与志は独身を貫き、学校の運営費獲得のため奔走を続けた。しかし四十歳の若さで病に倒れ、寄宿舎の一室で亡くなった。

視覚障害のある生徒たちは、鍼灸などの理療を学んでいた。しかし、触って学ぶための模型は今のような精巧な作りではなかったし、そもそも買う資金もなかったようだ。

平治は、資金難に悩む妹と懸命に学ぶ生徒たちの姿を間近で見ていたのだろう。亡くなる数年前、自分の遺骨を学校に寄贈する意志を周囲に伝えた。親族は難色を示したが、聞き入れず遺骨を保管する木製の箱まで業者に作らせてしまった。

われ死なば　かばねはときて　骨あらひ　めしひの学ぶ　助けともせよ

平治が生前、こうした思いをうたった短歌が残っている。

没後、遺骨は業者によって全身の骨格標本にされ、学校に贈られた。小川さんも在学中、解剖学の授業でこの骨を触った経験があるという。

「遺骨を触る経験はなかなかないので、畏敬の念というか、触る前には心構えが必要でした。骨はひんやりとしていて、模型では再現できない小さなでこぼこを手で触って感じました」

授業で使われているうちに、骨は徐々に風化が進んでいった。そのため、木箱に入れて立てた状態で、校長室に保管されていた。平治は当時としてはかなりの長身だったため、見上げるような高さだったという。

毎年、平治の命日である一月十六日には、各学年の担任が生徒たちを連れて校長室に行き、手を合わせた。遺骨は一九七〇年代後半に遺族に返された。

「あの時代、自分の骨を寄贈するというのは相当な覚悟が必要だったはずです。平治先生には、鍼灸を学ぶために人体がいかに大事かという認識があって、視覚障害者の自立の道を作りたいという強い思いがあったのでしょう」

小川さんの手には今も、その骨の感触が残っているという。

新潟と福岡の盲学校でも、遺骨の寄贈を受けた歴史が受け継がれている。

新潟では、名前が分かっているだけで六体もの遺骨が献体されていた。

一九〇七年、私立新潟盲唖学校が設立されたが、校舎は民家を間借りした教室が二つだけだった。やはり財政が厳しく、地域の医師らからの寄付などで存続していた。

献体したうちの一人が、極貧の中で何とかマッサージ師として生計を立てていた全盲の肥田五郎太である。常連客の一人に、学校の設立に尽力した医師がいた。病に倒れた肥田は、ひいきにしてくれたこの医師の恩に報いたいと、死後に全身骨格を寄贈することを申し出たという。

この歴史を調査したのは、新潟県立新潟盲学校の元校長である小西明さんだ。教員を退職した後、過去の文献を集め、新潟県における遺骨の寄贈についてリポートをまとめた。

「医師から盲唖学校設立の話を聞いた肥田は、きっと将来の視覚障害者のために自分も役に立ちたいと思ったのでしょう。周囲からの反対があったことも想像されますが、自らの意志を貫いた強さを感じます。その思いを後世に残しておきたいと思いました」

新潟では他にも、学校の創設者やその親族らが次々と献体したという。

福岡県では、盲学校の教員二人が教材にするために遺骨を提供していた。そのうち一体は、地元の盲学校に保管されている。

今のように情報の伝達手段が発達していなかった戦前の日本で、ほぼ同時期に、遺骨の献体が三カ所で行われていた。

当時は、どの盲学校も資金が不足し、厳しい運営を迫られていた。そんな状況の中で、当時の関係者たちは知恵を絞り、自分の遺骨を教材に使うという今では考えられない手段を取った。根底にあったのは、子どもたちがよりよく学べる環境をつくり、将来の可能性を広げたいというゆるぎない意志だったのだろう。そんなことを思いながら、私は松江を後にした。

ノートに書く

武井先生が生物室の机の上に、この日の授業で触る骨を置いていった。

今回の骨は、四本足で立っていた。台座になっている長方形の板の上に、金属製の支柱が縦方向に少し離れて二本立っていて、片方が首の付け根、もう片方が骨盤のあたりを支えている。四本の足は中心で折れるように曲がっており、かかとは上がってつま先で立ったような状態だ。胸部から尾にかけての背骨は、一つ一つの小さな骨が針金で棒状につなげられ、全体としては美しいなめらかなカーブを描いていた。

年が明けてから、触る骨は頭蓋骨から全身骨格に変わった。

全身骨格の一つ目はイヌだった。中型で、生きていたときのような立ち姿で組み上げられていた。

「まずは私から何も言わないから、じっくり見てくれる？　これ何だ、というところがあったら言ってみて」

武井先生がそう言う前から、すでに生徒たちは骨を触り始めていた。これまでの頭蓋骨で骨を触って観察することに慣れたようで、骨が頭から全身になってもかまうことなく、どんどん背骨や足の骨を触っていく。

イヌの全身骨格を見てみると、ヒトと比べて、体全体の大きさに対して頭が小さい。体の中心に背骨があり、それを四本の足が支えている。背骨の前方の先にはそり上がった首の骨があって、後方の先には尾の骨もある。背骨の胸の部分には肋骨もあった。

生徒たちは指をゆっくりと動かして、肋骨の本数を数えていった。細い骨が半円形に曲がっている肋骨は、ほぼ一定の隙間をあけながら背骨から左右に十三本ずつ付いていて、全体としてはかごのようになっていた。

一方で、当たり前ではあるが、背骨の腹の部分には肋骨がなかった。

そこで、みんなでいったん起立して、腹から体を折り曲げるように深く礼をしてみる。たしかにここに肋骨があれば、このように礼はできない。当たり前のことでも、こうやって自分の体を動かして確かめてみると、その常識が改めて自分の中にしっとりと収まる気がする。

「そうか、ここには腹筋があったんだ」

小汐唯菜さんがぼそっと言った。

骨をじっくり触り続けてきたことで、骨そのものだけでなく、骨の特徴から骨の周辺の筋肉まで想像して考察できるようになっているようだ。

この三カ月で、手で触って観察するレベルは確実に上がっている。

この授業の一つの本質が、骨をじっくり触り、観察力を身につけることにあるのは間違いない。だが取材を進めるうちに、もっと学ぶことについての根源的な何かが、この授業には潜んでいると思うようになっていた。だが最初の頃は、それがいったい何なのかは、皆目分からなかった。

その結果、私の取材もときどき迷走した。

だがこのころになると、その先にあるもう一つの本質がおぼろげながら見え始めていた。

「いま観察したことを自分の言葉でノートに書いておいて」

武井先生がそう指示すると、生徒たちは骨を触る手をいったん止めて、一斉に気付いたことを点字で記録し始めた。

生徒たちは、先に針の付いた点筆《てんぴつ》を持つと、樹脂製の点字盤に取り付けた用紙に点を打ち込んでいった。

コツ、コツ、コツ、コツ、コツ……

生徒たちの発言で賑やかだった生物室はしんと静まりかえり、先のとがった金属が樹脂板に当たる音が、何層にも重なって響き渡る。骨を触る指先に集まっていた意識が、点筆の先端に移っていったようだ。

武井先生が訊ねる。

「頭の大きさから考えると、体の大きさはどれくらいと言えるのかな?」

コツ、コツ、コツ、コツ、コツ……

「背骨と足の関係も書いておいてね」

コツ、コツ、コツ、コツ、コツ……

まっさらだった点字用紙に、どんどん凹みができていく。

「肋骨の形はどうだったっけ? 肋骨は背骨の胸の部分にはあったけど、腹の部分にはなかったことも自分の言葉で書いておこうか」

コツ、コツ、コツ、コツ、コツ……

生徒たちの手の感触が言語化され、頭にしっとりと染みこんでいくように感じられる瞬間だ。聞いていてとても心地よい。

授業中に何度も訪れるこの点字を書く時間を、私はひそかに「コツコツタイム」と名付けていた。

点字について

ここで簡単に点字の説明をしたい。

点字は縦三点、横二列の計六つの点を一つの単位として、仮名や数字を表現する。横書きで左から右に読んでいく。

まず基本となる母音は、左上、左中、右上の三点で表す。「ア」は左上の一点、「イ」は左上と左中の二点、「ウ」は左上と右上の二点、「エ」は左上、左中、右上の三点、「オ」は左中と右上の二点だ。

その同じマスの中に、子音を組み込んでいく。例えば、カ行は右下の一点と母音を組み合わせる。つまり、「カ」は右下と左上の二点、「キ」は右下と左上、左中の三点、「ク」は右下と左上、右上の三点だ。同じように、サ行は右中、右下の二点に母音、タ行は左下と右中の二点に母音というように、ア行〜ワ行は一マスの中で表現できる。ローマ字のようなイメージで考えればよい。

濁音の場合は、濁音を示す右中の一点を一マス目に打ち、二マス目に清音をつける。例えば「ガ」は、一マス目は右中の一点だけ、二マス目は右下と左上の二点で、計二マスを

点字盤.

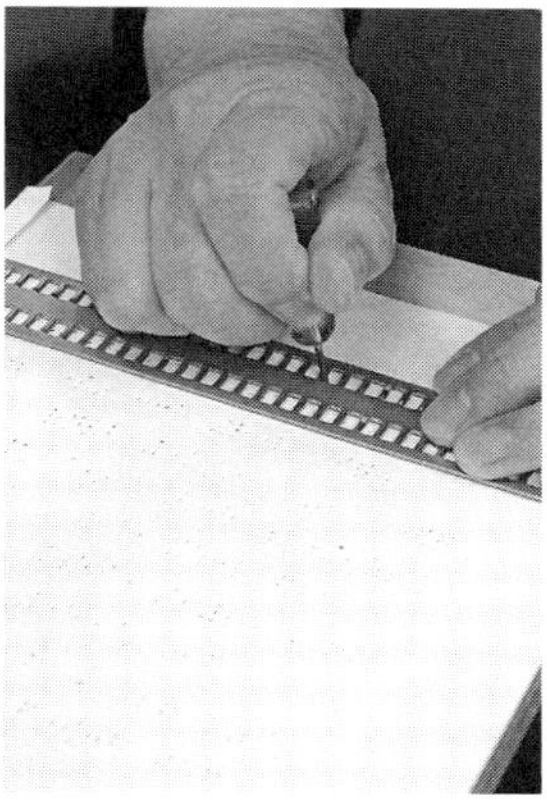
点筆で点字を打つ.

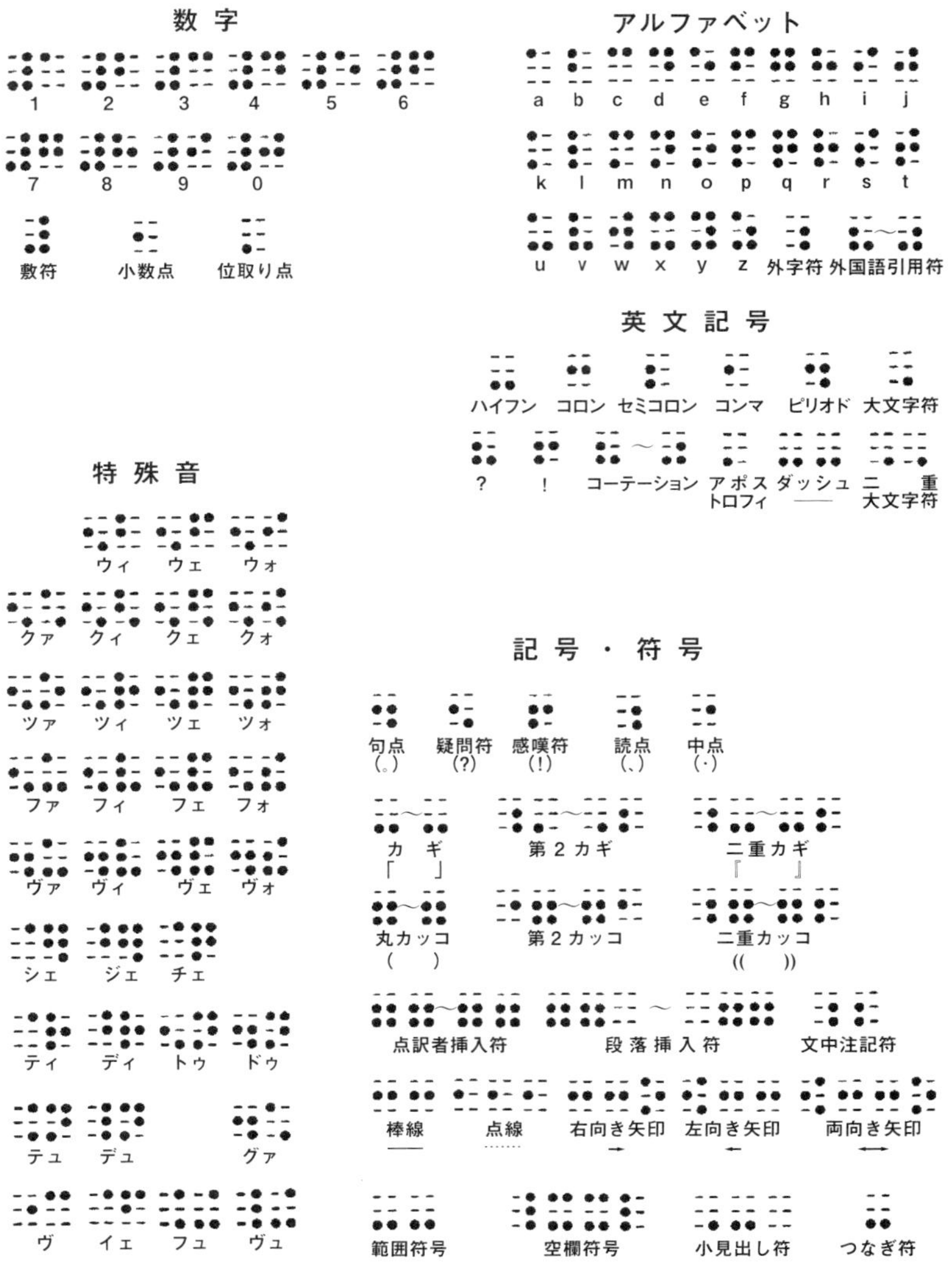

数字
1 2 3 4 5 6
7 8 9 0
数符 小数点 位取り点
アルファベット
a b c d e f g h i j
k l m n o p q r s t
u v w x y z 外字符 外国語引用符
英文記号
ハイフン コロン セミコロン コンマ ピリオド 大文字符
? ! コーテーション アポストロフィ ダッシュ —— 二重大文字符
特殊音
ウィ ウェ ウォ
クァ クィ クェ クォ
ツァ ツィ ツェ ツォ
ファ フィ フェ フォ
ヴァ ヴィ ヴェ ヴォ
シェ ジェ チェ
ティ ディ トゥ ドゥ
テュ デュ グァ
ヴ イェ フュ ヴュ
記号・符号
句点 （。） 疑問符 （?） 感嘆符 （!） 読点 （、） 中点 （・）
カギ 「 」 第2カギ 二重カギ 『 』
丸カッコ （ ） 第2カッコ 二重カッコ (( ))
点訳者挿入符 段落挿入符 文中注記符
棒線 —— 点線 …… 右向き矢印 → 左向き矢印 ← 両向き矢印 ↔
範囲符号 空欄符号 小見出し符 つなぎ符

点字一覧表

（凸　面）

点字の組みたて

点字は縦３点横２列の六つの点の組み合わせからなる表音文字で，左上から下へ順に，１の点，２の点，３の点，右上から下へ順に４の点，５の点，６の点と言う．

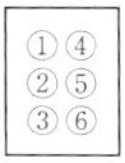

五十音

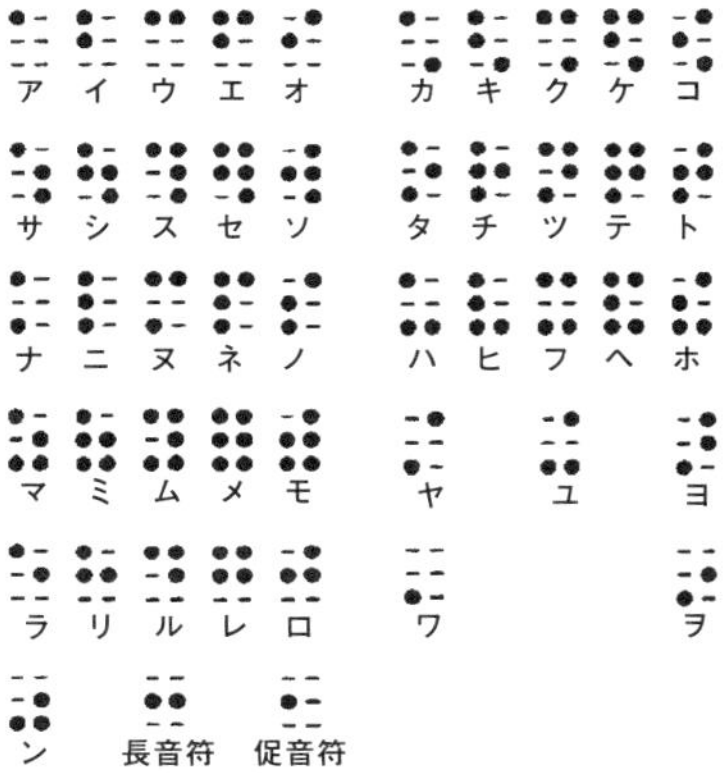

濁音・半濁音

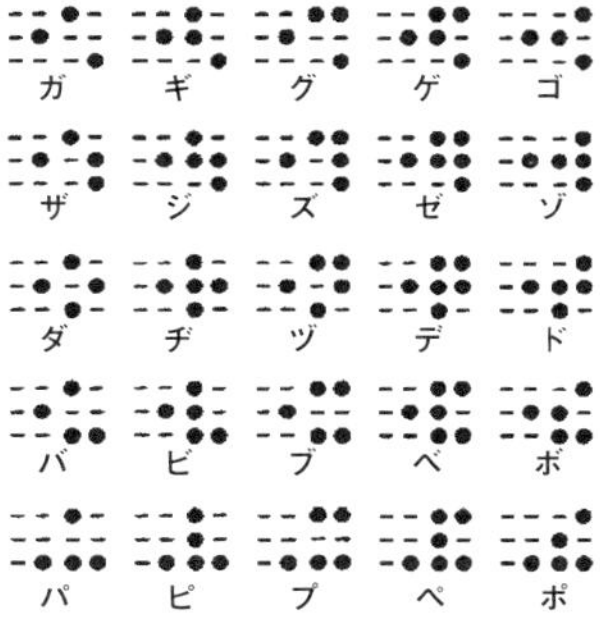

拗音

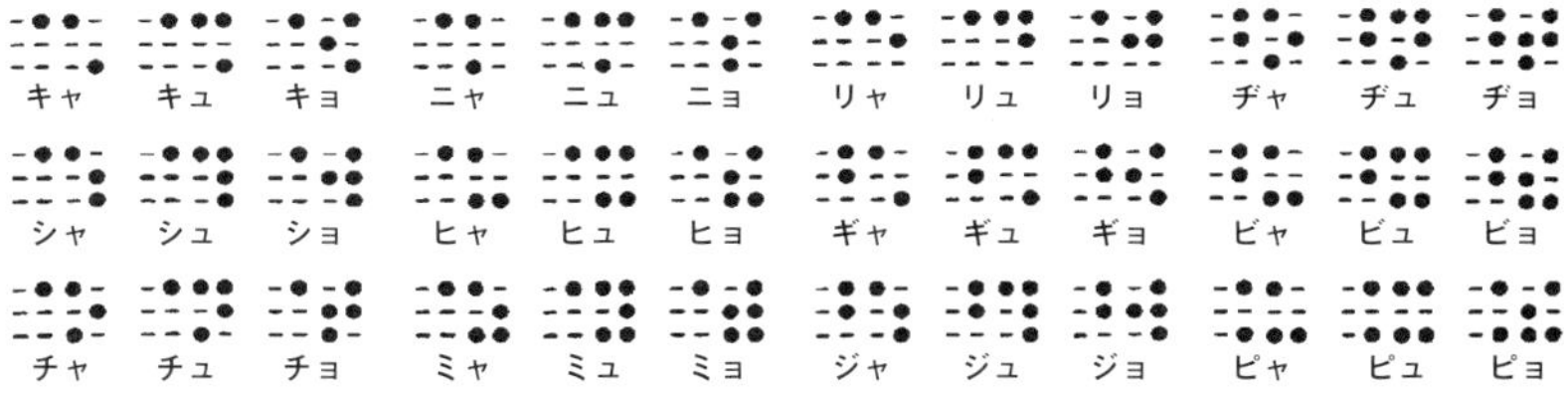

使う。半濁音や拗音なども同じように二マスを使って表現できる。

一般的な点字には漢字がなく、平仮名とカタカナの区別もない。

一方で数字は、仮名と区別するために数符(左下、右上、右中、右下の四点)の一マスをまず前につける。「1」は数符の一マスと、左上一点の一マスの計二マス、「2」は数符の一マスと左上、左中の二点を打った一マスの計二マスを使って表現できるというわけだ(図)。

手書きする場合は、点筆を使い、横書きに、通常とは逆の右から左に向かって点を打ち込んで紙をへこませる。読むときは裏返して、丸く浮き上がった点を指でなぞって左から右へ読んでいくという仕組みだ。そのため、打つときは読むときと逆の並びで点を打つ必要があり、それなりの訓練が必要になるのだという。

生徒たちの主な筆記用具は、点筆、一般的な紙より少し厚いA4サイズの点字用紙、点字用紙を取り付ける樹脂製の点字盤だ。点字盤には、幅は点字盤と同じで、縦方向にスライドする定規が取り付けられている。定規には点字の一マス分の穴が横に並んでいくつも空いていて、点字を一列書き終わると定規を下にスライドさせて、改行して書き進めていく。

点字の歴史は、十九世紀にまで遡る。

点字ができるまでは、紙などの上に一般の文字を浮き出させて印刷した浮き出し文字や、ひもの結び目の形で文字を表す方法が利用されていた。しかし、読むのに時間がかかる上に、書くことはかなり困難だった。

十九世紀初め、フランス軍の砲兵大尉であったシャルル・バルビエは、夜間に命令を伝達する暗号として十二点の点字を考案した。視覚障害者の文字としても利用できるのではないかと思いつき、パリの盲学校に持ち込んだ。点字は浮き出し文字よりも読みやすく、生徒たちに受け入れられたという。一方で十二点の点字は複雑で、読み取るのに多くの時間を要するという問題があった。

盲学校の生徒の中に、ルイ・ブライユ(一八〇九～五二)がいた。ブライユはまず十二点の点字を習得し、さらに研究を重ねて、視覚障害者にとって読みやすく書きやすい縦三点、横二列からなる六点式の点字を考案。十六歳だった一八二五年に、アルファベットや数字などの基本を完成させた。だが、すぐには認められず、ブライユが亡くなった二年後の一八五四年、フランスで公式の文字として採用された。

日本にブライユの点字が伝わったのは、それから三十年以上がたってからだった。

東京盲唖学校(現・筑波大附属視覚特別支援学校)の教員だった小西信八《のぶはち》(一八五四～一九三八)が、一八八七(明治二十)年に生徒に教えたのが始まりだ。小西は同校の教員だった石川倉次《くらじ》(一八五九～一九四四)に、ブライユの点字を日本語に翻訳するように依頼する。石川は一八九〇年に日本語版の六点点字を完成させ、この年の十一月一日に正式に採用された。そのため、十一月一日は「日本点字制定記念日」となっており、石川は「日本点字の父」と呼ばれている。

記録の時間

この学校の生物室に、黒板はない。

教師が丁寧に板書をして、その内容を一言一句違わずノートに書き写していくという、一般的に学校でよくある授業風景はここにはない。生徒が骨を触って気付いたことを発言し、それを元に武井先生が授業を進め、重要な点を生徒がそれぞれに点字で記録していく。

イヌの背骨は、首から尾まで五つのパーツに分かれていた。

生徒たちは頭の方から尾に向かって触って、その順番に確認していった。

「じゃあさ、背骨について詳しくノートに書いていくよ。まずは何があるんだっけ?」

「首」と坂本孝暁君が言った。

「そう、首ね。これは頸椎ともいいます。頸椎って書きたかったら書いておいてもいいよ」

コツ、コツ、コツ、コツ、コツ……

「次は何だろう?」

今度は山下君が「肋骨とつながっている背骨」と言った。

「いい表現だね。別に覚えなくていいんだけど、これは胸椎っていいます」

コツ、コツ、コツ、コツ、コツ……

生徒たちは、勢いよく点字を打ち続けている。骨を触るときと同じくらい、点字を書くときも集中している様子だ。

コツ、コツ、コツ、コツ、コツ……

板書はないので、自分で触って観察した特徴や、武井先生が話した内容で必要だと思ったことを自分で考えて記録していく。

コツ、コツ、コツ、コツ、コツ……

次は腰椎だった。肋骨のない部分だ。さらに骨盤に組み込まれている仙椎、尾っぽの尾椎と続いて、五つのパーツをすべて確認し終えた。

「じゃあさ、誰かにノートに書いた内容を発表してもらおうかな。まずは山下からいってみよう」

山下君はそれまで書いていた点字用紙を裏返すと、左から右に向かって点字を指でなぞりながら読んでいった。

「体全体の大きさは頭の割に大きい。体の中心に背骨があり、それを四本の足が支えている。肋骨は背骨につながっている。肋骨はカゴ状。背骨は首からしっぽまでの五パートでできている。首、肋骨とつながっている部分、肋骨とつながっていない部分、骨盤にはさまっている部分、しっぽの部分」

「いいねー、いいねー、すごくいいよ」と武井先生が相槌を打つ。

次は永井慶吾君の番だった。

「体の大きさは、頭に比べて思ったより大きい。背骨が体の中心で、それを四本の足が支えている。肋骨全体はカゴ状になっていて、胸にはあるが腹にはない。背骨は五パーツに分けられる。首（頸椎）、肋骨とつながる背骨（胸椎）、肋骨とつながっていない背骨（腰椎）、骨盤に挟まれている背骨（仙椎）、しっぽ（尾椎）」

永井君は、胸椎や腰椎などの専門用語も入れ込んできた。

四本ある足の骨は、肘や膝にあたる部分でやや折れ曲がっていた。ただし、前後の足で曲がる方向は逆で、前足は後ろに向かって、後ろ足は前に向かって曲がっている。たしかに、私たちも手をついて四足歩行のような体勢をとってみると、肘と膝はこの方向に曲がる。

「前足は『く』の字に曲がっていて、後ろ足は『く』の字の逆に曲がっている」

小汐さんは、イヌの足の曲がり方をこう説明した。

一方で、小林さんは「前足の膝の部分と後ろ足の膝の部分は、内側を向いている」と表現した。

「うんうん、分かる、分かる」と、武井先生はどちらの意見にも頷いている。

骨を触って、生徒たちが伝えようとしている内容は、ほぼ同じだ。だが表現の仕方や書く順番はそれぞれ違っている。

これは頭蓋骨の観察でも同じだった。

サルの頭蓋骨を触ったとき、生徒たちがノートに記した頭の形は「丸い」「丸っこい」「握り拳のかたち」など、表現はばらばらだった。

これが、もし板書をただ書き写す授業であったのなら、何も考えずに「丸い」で統一されてしまうのだろう。だが、「丸っこい」も「握り拳のかたち」も、生徒たちの内部から出てきた、たしかな熱を帯びた言葉なのだ。

この授業では、生徒たちが自らの手の感触を悩みながら言語化し、自分の言葉で表現する。それには「考える」ということが必須である。

「間違えてもいいから、怖がらずにどんどん書くんだよ」

「人に通じる言葉で書いてごらん」

授業中、武井先生はこのようなフレーズを何度も繰り返す。そのたびに生物室は、コツコツタイムに突入する。この時期になると、骨を触っている時間よりも、むしろ点字で記録している時間の方が長いくらいになっていた。

それだけ、この授業では自分の言葉で表現することを大切にしている。だから、それがたとえ簡単な言葉であったとしても、言葉が十分な質量をもっている。辺りをふわふわと浮遊するようなことはないのだ。生徒たちの発表を聞いていると、ときどき彼らの中で、手で触った体験と言葉がぴったりと重なっているように感じた。

背骨は一本の棒のようになっているが、触ってみると小さな骨が連なって棒状になっていることが分かる。胸椎の一つ一つの骨には、長い上向きの突起があった。突起は体の後ろにいくほど、より後方に傾いていた。

さらに腰椎には、一つの骨につき、真上、斜め、左右の計五つもの突起が付いていた。これらは、背中の筋肉を留めるための突起だった。

武井先生が指示をしなくても、生徒たちは発見したことを点字で記録していく。こうなると生物室は、常時「コツコツタイム」状態である。

武井先生は、また問う。

「背骨はひとつながりの棒状でもいいんじゃない？」

生徒たちは答える。

「背中を反らしたり曲げたりできなくなる」

「それでどうして困るの?」

武井先生が再び問うと、生徒たちは骨を触りながら考える。

「ジャンプしたり走ったりできないんだ」

武井先生の問いは続く。

「じゃあ肋骨は何であるの?」

生徒たちはまた考える。骨を再び触る生徒もいる。

「心臓や肺を守るためじゃないかな」

「そうだね。じゃあ何で腹には肋骨がないの?」

「肋骨があっておなかを曲げられないと速く走れないからだー」

武井先生はこの授業のポイントを「考える観察」だと言う。骨をじっくり触って観察するだけで終わりではない。観察結果をもとに、生徒たちにくり返し考えることを求める。

さらに、生徒たちは難しい言葉もあまり苦にしない。

例えば授業中、何度も「椎骨」という言葉が出てきた。椎骨とは背骨を構成する一つ一つの小さな骨のことである。一般的に中学一年では扱わないような専門用語かもしれない。だが観察するときに、いちいち「背骨を構成する小さな骨」と言うのが面倒なので、便利だから使っているにすぎない。

生徒たちは椎骨を自分の手でじっくりと触っていて、どんなものなのか実感をもっている。生徒たちにとって椎骨とは、授業中にクラスメートたちと一緒にわいわい言いながら触った、背骨を構成する小さな骨の一つなのである。場所によって、突起の数や方向が異なっていたことを自ら確認した骨なのだ。表面が少しざらざらしていて、触るとひんやりとしていた骨なのだ。そんな実体験があった上で、名前という順番になっている。名前は後からなのだ。

言葉を紡ぐ

全身骨格の観察はイヌの後、ウサギだった。

生徒たちには、事前に何の動物の全身骨格なのか伝えられていない。動物Xの全身骨格と呼ばれていた。

「先生はもう何も言わないから、自分たちで特徴をとらえてごらん」

「あっ、こいつの後ろ足、足の裏が全部地面についている」

「北郷、さっそく大発見」

「先生、骨盤の位置がずっと下の方になっていて、後ろ足の膝のところがすごく曲がっています」

「すごーい、小汐も大発見」

「イヌに比べて骨は小さくて、細くて、全体的に丸まってる」

「それは全部、重要だね。自分の言葉で書いてごらん」

コツ、コツ、コツ、コツ、コツ……

「坂本、前足はどうなってる？」

「前足はかかとが地面についていない」

コツ、コツ、コツ、コツ、コツ……

「じゃあ小林が読んでみて」

「後ろ足はかかとがついていて、膝が深く曲がっているので腰は低い位置にある。背が丸まった姿勢になっている」

「いいですねー。じゃあ、この姿勢の直後にはどんな動作をするのかな？」

「跳ぶ」

「跳ぶっていうか、はねる」

「ジャンプする」

「そうだね、この姿勢の直後はジャンプがしやすいと思われますね。じゃあ書いておこう。いろんな書き方があるね」

コツ、コツ、コツ、コツ、コツ……

「これ、ウサギだな」

「また、すぐ名前を知りたがる北郷が何か言ってるなー」

コツ、コツ、コツ、コツ、コツ……

「あっ、そういえば大きさを見るのを忘れていたけど、どれくらい？」

「両手で抱えられるくらい。前足に比べて後ろ足がずっと長いです」

コツ、コツ、コツ、コツ、コツ……

「そうだね、じゃあさ、それはどういうことだと考えられる？」

「後ろ足の方をよく使っている動物とみられます」

コツ、コツ、コツ、コツ、コツ……

「あっ、先生、骨が……」

「なになに？　あーっ、とうとう前足の肘から先がとれちゃったのか。まあしょうがない、しょうがない」

コツ、コツ、コツ、コツ、コツ……

「じゃあ山下、発表してくれる？」

「前足は手首が上がっているが、後ろ足のかかとは地面についている。膝を深く曲げていて、背骨全体は丸まっており、ジャンプの直前の姿勢だと思われる」

「いいねー、とてもよく分かった。じゃあ、次は永井」

「大きさは両腕で抱えられるくらいで」

「最初に大きさを書いたのはすごくいい。全体的にはどうなっているのだろうという視点はとても大事だよね」

コツ、コツ、コツ、コツ、コツ……

「さて、みんなは最終的にこの動物が何と予想しますか？」

コツ、コツ、コツ、コツ……

「これ、たぶんウサギでしょ。僕はそう思うな」

「うん、私もウサギだと思う。体がちっちゃいし、だってウサギ跳びって言うし」

コツ、コツ、コツ、コツ……

「動物の名前だけじゃなくて、ちゃんと理由も書くんだよ」

コツ、コツ、コツ、コツ……

「みんなに発表してもらうからね」

コツ、コツ、コツ、コツ……

コツ、コツ、コツ、コツ……

見えてきたこと

年度末、ハトの全身骨格が最後の観察だった。

羽の部分の骨を触った生徒たちが「手羽先みたい」と盛り上がっていた。

「今年も何とかハトまでくることができました」

授業が終わると、武井先生は少しほっとした様子だった。

この授業では、まず生徒たちが自ら骨を触って何かを発見する。自分の手で触って気付いたのだから、うれしいし心が動く。すると、その発見を先生がほめてくれる。もっとうれしくなる。さらに知りたいと思って、再び触ってまた発見する。

その気持ちの積み重ねが、人に伝えたいというモチベーションになる。自分のうれしい気持ちを伝えるために、自分の頭で考えた言葉が生まれてくる。発する言葉はすべて、自分の手で触った体験に基づいている。

取材開始から半年がたった。

当初は私の中でぼんやりしていたこの授業の本質が、はっきりと見え始めていた。

この授業は、生徒たちの中に言葉を作っているのだ。

エピローグ

三月下旬の日曜日、私は東京・新宿御苑にいた。

苑内のサクラは、例年よりも早く満開を迎えていた。雲ひとつないまさに行楽日和といった快晴で、早朝にもかかわらず公園のゲート付近は家族連れやカップルであふれていた。私は二十分ほど列に並んで、やっと入場できた。

集合場所は、入ってすぐにある案内板の前のはずだった。人でごった返す中を進んでいくと、談笑している十五人ほどの男女の集団を見つけた。白杖を持った人が半数ほど、残りは持っていなかった。

この日は、「ネイチュア・フィーリング」という自然観察会が開かれることになっていた。

この観察会は一九九〇年代前半から、新宿御苑で月一回のペースで開かれているという。

「五感を研ぎ澄まして、今日もいつも通り、のんびりゆっくり観察したいと思います」

冒頭、スタッフの男性が簡単なあいさつをした。その声もかき消されそうなほど、苑内は人でごった返している。それ以上、特に詳しい説明もないまま、「じゃあ、行きましょうか」と一行は苑内に入っていった。私は最初、スタッフと参加者の区別がつかなかった。

はじめに向かったのは満開のサクラの木だった。

まず手が届く高さの枝を触る。ゆっくりと先端に向けて指を進めると、花の下のがく片に触れた。

「ふわふわしてる」と声が聞こえる。長年この観察会に来ているという人は、花を触って「今年は例年より花芽が多いなあ」と話していた。

こうした観察会では、スタッフや講師が前に出てやたらと解説することも多い。だが、この観察会ではそんなことはない。参加者が一緒に観察し、気付いたことを言葉にして共有していくスタイルのようだ。

すぐ横では、スマートフォンを持った人たちが、次々と入れ替わってサクラを背景に記念撮影をしていた。苑内は見渡す限りサクラが満開になっており、どうやら辺り一帯がインスタ映えしているようだ。観察会に参加している私たちの周りだけ、ゆっくりと時間が流れているような感覚になっていた。

時計を見ると、サクラの観察だけですでに十五分がたっていた。

ネイチュア・フィーリングは一九八〇年代後半、日本自然保護協会が提唱した。中心となったのは、同協会のメンバーだった青柳昌宏先生や鳥山由子先生たちだ。今は武井洋子先生も携わっている。

青柳先生も鳥山先生も、盲学校で生徒たちと自然観察をしていて、たびたびその個性的な観察の仕方に驚かされた。

あるとき、青柳先生は生徒がマメ科のインゲンの葉を観察している様子を見ていた。双葉から本葉になったとき、ある生徒が顔を近付けて「双葉のときと比べてモヤシのにおいが減った」と言った。植物の成長をにおいで把握するという、その観察力に青柳先生は驚き、「僕もこんな風に感じられるようになりたい」と周囲に語っていたという。

鳥山先生にも同じような経験があった。

授業でセイヨウタンポポの閉じた花を観察していると、ある生徒から「この花はこれから咲くものですか、それとも咲き終わったものですか？」と訊かれた。目で見れば花全体の印象からどちらなのか分かるが、触っただけでは判断は難しい。すると生徒が「咲く前の花の茎は細くて柔らかくて、咲き終わった花の茎は太くて固い」と言った。鳥山先生は、花の状態を茎の固さの違いで観察できるということに驚いた。

そのような経験を踏まえ、ネイチュア・フィーリングは、五感を使ってじっくりと自然を観察する方法として考案された。だが、それは障害者のための自然観察ではなかった。障害者と一緒になって、すべての人たちの自然観察の力量を高めようとする試みだった。

その意味するところを、私はこの日の観察会に参加して実感することになった。

サクラの観察後、参加者一行はヒマラヤスギの巨木に移った。

満開のサクラの中で、あえてヒマラヤスギの観察をしているのはもちろん私たちだけである。

「輪ゴムみたいな感触だなあ」と参加者から声が上がった。ヒマラヤスギの葉は松葉のような形で、両端を指先でつまむとたしかにゴムのような弾力があった。

すると別の参加者が「葉っぱがちょっと酸味のある臭いがする」と言った。ちぎって嗅いでみるとフレッシュな香りがする。でも、口に入れると酸っぱくてかなり渋かった。普段は目で見ていただけの葉っぱに、触覚、嗅覚、味覚の情報が加わり、一気に立体感が増して親しみがわいた気がする。

さらによく触っていくと、同じヒマラヤスギの木でも葉によって固さが違うことに気付いた。弾力のある葉だけでなく、固くて両端をつまむと指先にちくちくとした痛みを感じる葉もあった。若い葉はしなやかで、太陽や風雨にさらされてきた古い葉は堅いのだ。目の前にある無数の葉は一見すると同じようだが、実はその一つずつが過ごしてきた時間は違うということだ。自然は、時間軸方向にも立体感を持っているのだと実感する。

すると、サクラを見に来たと思われる通りすがりの中年の女性二人が、興味ありげに私たち一行をちらちらと見ているのに気付いた。

私は、たった今知ったばかりだということはおくびにも出さずに、「ヒマラヤスギの葉はいい香りがするんですよ」と言った。二人は葉をちぎって鼻に近付け、「本当だ、いい香り。おもしろーい」と顔を見合わせ、こちらに向かって「すごーい」と言った。自然を奥深く知ると、モテるのかもしれない。

全身で自然と出会う

「この花は、きっと咲いたばかりじゃないのかな」

スタッフの一人で自然観察指導員の瀬川三枝子さんが、コブシの花びらを指先で触って観察していた。

瀬川さんは、筑波大学附属視覚特別支援学校の前身である東京教育大学附属盲学校の卒業生だ。一九九三年に始まった月一回のこの観察会に、初期から携わっている。

瀬川さんは小さいころから自然と触れ合うのが好きだったが、目の不自由な自分に自然観察は無縁なものだと諦めていた。当時の自然観察会といえば、講師が前に出て次々と場所を変えながら植物の名前などを解説するスタイルが多く、視覚に障害があるとそのスピードについていくことが難しかったからだ。

九一年夏、鳥山先生から瀬川さんに「ネイチュア・フィーリングの研修会があるんだけれど、そのゲストとして参加してみない？」と電話がかかってきた。参加者たちと一緒に自然観察をして、思ったことを話してくれればいいということだった。そこで瀬川さんは一泊二日の日程で、会場の福島県大玉村にあるふくしま県民の森に出かけた。

瀬川さんはそれまで、「自然観察会に参加してまで、目の見えないことを中心に話したくはない」と思っていた。「せっかく同じ自然が好きな人たちが集まっているのだから、一緒に自然の話をしたい」とも思っていた。自然観察会に足が向かない理由の一つだった。

たしかに、例えば自然観察会に来た外国人が、他の参加者から「英語をうまく話すコツは何ですか？」などと繰り返し訊かれたら、「自分は自然を観察に来ているんだ」と言いたくもなるだろう。

だが、結果的にその心配は必要なかった。研修会では参加者たちと一緒に、木や草をどんどん触り、柔らかい土の感触を足で感じた。触ってみると木にも「冷たい木」と「温かい木」があることを発見し、葉っぱの堅さにも違いがあると改めて感じた。それをそのまま言葉にしていった。

「全身で自然を感じたのは初めて。楽しくてしょうがなかった。私は、ハマりました」

その後に瀬川さんは、講習を受けて日本自然保護協会の自然観察指導員になった。

「私が自然と出会うには、触るしかない。時間はかかる。でも現場に行ってじっくり触れば豊かな自然を感じ、自分の言葉で自然を語れる。それって、目が見える、見えないに関係なく人生を豊かにすることだと思うんです。目の前の自然を知識じゃなくて、自分の言葉で語れるんだから。これを『ユニバーサル』とか『バリアフリー』とかいう言葉で言ってほしくないの。これが本来の自然観察の姿よって言いたい」

この日の観察会には、初めて参加したという中年の男性がいた。松雪三十二《みとじ》さんは、開始前に一時間ほどで苑内全体を見て回ったという。だが観察会では、その十分の一の範囲を二倍の時間をかけて観察した。

「触ったり、におったり、この自然の味わい方って見事だなあって思いました。ゆっくりじっくり見ることで、こんなに味わい深くなるなんて。ちょっと癖になりそうですね」

ゆったりと時間が流れ、二時間の観察会は終わった。

朝はひんやりと感じた空気が、すっかり暖かくなり春の陽気になっていた。近くからシジュウカラの鳴き声が聞こえてきた。心なしか自然を敏感に感じるようになった気がする。この観察方法は目が見える、見えないに関係なく、自然への理解と親しみをより深くしてくれるものなのだろう。

それは「骨の授業」でも感じたことだった。

今から四十年以上も昔、盲学校の先生たちは、目が不自由な生徒たちのために、骨をじっくり触るという視覚に頼らない授業を作り上げた。

近くから遠くまで一度に多くを把握できる視覚と違い、触ることができるのは手が届く範囲に限られてしまう。だから、いつも実物に近付いた。実物に触れて、自ら体験し考えることにこだわった。

手で触って観察するには、目で見るよりずっと時間がかかる。だから、じっくり触ることにした。一つの頭蓋骨を六時間もかけて触るような観察を大切に受け継いできた。

その間、社会にはインターネットが登場した。簡単にさまざまな情報にアクセスできるようになった。現代社会は、情報の量と速さをいっそう追い求めるようになっていった。それでも、実物をじっくり触って観察することにこだわり続けた。

自らの手で得た小さな部分を丁寧に積み重ね、一筆一筆、デッサンするように全体像を作り上げていった。

手で見た「いのち」には、目で見ただけでは知ることのできない生命の力強さと奥深さがあった。

最後の授業

「今日も心して骨を触っていくよ」

年度末が近付いた筑波大附属視覚特別支援学校の生物室では、いつものように武井先生の大きな声が響いた。

半年間続いた骨を触る授業も今日で最後だ。

「胸椎に突起がないなー」

「ここの骨がつながってるよ」

授業中の生徒たちはいつも楽しそうだ。

自分で触って発見し、それを言葉にしたら、武井先生が「よく分かったね」とほめてくれる。先生は一方的に教えるのではなく、生徒たちの体験をつなげて授業にしていく。生徒の世界が少しずつ広がっていく。「学ぶことは楽しい」ということを体現しているようだ。

そんな姿を見ているうちに、いい授業はすてきなプレゼントのようなものだと思うようになった。

贈る側の先生たちは、多くの時間を使って準備をして、少しでもいいものにしようとする。もらう側の生徒は、楽しくてその教科が好きになる。もしすぐには気に入らなくても、心のどこかにしまわれていて、十年後や二十年後にふと思い出すこともあるかもしれない。そんなプレゼントをもらった生徒たちは幸せだと思う。

そして、楽しいのは生徒だけではないようだ。

最後の授業の日、私はずっと訊こうと思っていた質問をした。

「武井先生は盲学校の先生になってよかったですか?」

武井先生の答えに迷いはなかった。

「盲学校に来たその日からずっとよかったと思っています。私は生物が好き、生徒たちも生物を好きになってくれる。そこで授業をできるのは最高の喜びなんですよ」

私は、半年間にわたった授業の取材を終えた。

＊＊＊

学校に向かう歩道では、街路樹のイチョウが少し色づき始めていた。この日、東京都内の朝の最低気温が今シーズンでは初めて一桁になったのだという。頬に当たる空気は、もうしっかりと冷たい。

一年前も、毎週のようにこの道を歩いて盲学校に通っていたと思うと、少し懐かしい。校門に着くと、相変わらず警備員の男性が満面の笑みで朝のあいさつをしてくれた。

生物室では、一年A組の生物の授業が始まろうとしていた。女子生徒四人が手を洗い、席に付いた。

四人は、私が半年間にわたって取材した生徒たちの一年後輩になる。偶然、この年のA組は女子ばかりになったのだという。通算して四十四年目の骨の授業だ。

すでに動物Aの観察は終わっており、この日は動物Bの続きだった。

小ぶりな動物Bの頭蓋骨が机の上に並んでいる。

授業が始まるときだった。一人の生徒が言った。

「先生、なんか先輩が、目の辺りをしっかり見てごらんって言っていました」

武井先生は「まあ、その先輩はそんなアドバイスをしてくれたの？　先生、うれしくて泣いちゃいそうだよ」と笑った。

動物Bの名前は言わずに観察のポイントだけを伝えるとは、なかなか粋な先輩のアドバイスである。なんだか私までうれしくなった。この授業の意義は、きっと授業を受けた生徒たちにも伝わっているのだろう。私は定位置だった教室の隅の角椅子に座り、授業の様子を見つめていた。

「じゃあ、これまで観察したことを言ってもらおうかな」と武井先生が言う。

「動物Bは上下の前歯が出っ張っていて、とても長い」

「そうそう、グッド、グッド」

「臼歯の嚙み合わせがずれているので、すりつぶすように使うと考えられる」

「すごーい、パーフェクトだね」

生物室では、一年前に見ていたいつものやりとりが続いていた。

生徒たちは指先に意識を集中させて、どんどん骨を触っていく。気付いたことがあったら言葉にしていく。観察が進むにつれて、室内がだんだん熱気に満ちてくる。

これは、四十年以上ずっとここにあった光景なのだろう。

先生も生徒も、みんなで大切にしてきた場所なのだ。そして、これからもきっと続いていくのだろう。

「あー、動物Bが何なのか、ほんとに気になってきたー」

生徒の大きな声が聞こえた。

「じゃあみんな動物Bが何か、理由も含めて予想を書いてみてー」

武井先生がもっと大きな声で言った。

コツ、コツ、コツ、コツ、コツ……

点字を打ち込む音が、生物室内に響いた。

主要参考文献

『ペンギンの国訪問記』青柳昌宏、紀元社出版、一九七四年。

『ペンギン――南極からの手紙』青柳昌宏、平凡社、一九八一年。

『テオリア――自然を知る50のヒント』青柳昌宏、筑摩書房、一九九九年。

『探求――私のいた場所　青柳昌宏選集』青柳昌宏、どうぶつ社、二〇〇〇年。

『青柳昌宏業績目録』青柳昌宏先生業績編纂会、一九九九年。

『ペンギン基金30周年記念誌』出原速夫編、ペンギン基金事務局、二〇一六年。

『ペンギン、日本人と出会う』川端裕人、文藝春秋、二〇〇一年。

『視覚障害教育百年のあゆみ』東京教育大学教育学部雑司ヶ谷分校「視覚障害教育百年のあゆみ」編集委員会編、第一法規出版、一九七六年。

『盲生徒に対する自然観察の指導――木の葉の観察から山の景観把握まで』鳥山由子、心身障害学研究第二三巻、筑波大学心身障害学系紀要編集委員会編、一九九九年。

『視覚障害児童・生徒に対する動物の観察指導に関する一研究――哺乳類を中心として』鳥山由子、心身障害学研究第二四巻、筑波大学心身障害学系紀要編集委員会編、二〇〇〇年。

『戦後盲学校理科教育における実験・観察学習の展開過程に関する文献的研究』鳥山由子、障害科学研究第三一巻、障害科学学会編集委員会編、二〇〇七年。

『視覚障害教育入門　改訂版』青柳まゆみ・鳥山由子編著、ジアース教育新社、二〇一五年。

『視覚障害指導法の理論と実際――特別支援教育における視覚障害教育の専門性』鳥山由子編著、ジアース教育新社、二〇〇七年。

『新訂版　視覚障害教育入門Q＆A――確かな専門性の基盤となる基礎的な知識を身に付けるために』全国盲学校長会編著、ジアース教育新社、二〇一八年。

『〝明日への大学〟その一つの歩み――ＩＣＵにおける一盲学生の在学の記録』国際基督教大学教養学部「草山こ

づえさんのＩＣＵ在学の記録をつくる会」編、一九八一年。

『〝明日への大学〟続編　ＩＣＵにおける一盲学生の物理実験・化学実験履修の記録』国際基督教大学教養学部理学科「盲学生のためのプロジェクトチーム」編、一九八六年。

『〝明日への大学〟続編(Ⅱ)　ＩＣＵにおける理学専攻盲学生の卒業までの記録』国際基督教大学教養学部理学科「盲学生のためのプロジェクトチーム」編、一九八七年。

『ＩＣＵリベラルアーツの心　回想のワース先生』回想のワース先生編集委員会編、東信堂、二〇〇九年。

『自然認識における実験の役割――視覚障害者の物理実験をめぐって』池田敏、国際基督教大学大学院教育学研究科提出教育学修士論文、一九八五年。

『コミュニカ』一九九一年・秋・第三号、二〇〇一年・秋・第二三号、二〇〇六年・秋・第三三号、二〇〇八年・春・第三六号、全国盲ろう者協会。

『ゆびさきの宇宙　福島智・盲ろうを生きて』生井久美子、岩波書店、二〇〇九年。

『動物の解剖と観察　再改版』木村雄吉、成文堂、一九八四年。

『科学と実験』一九八三年七月号、共立出版。

『視覚障害教育の今後を考えるための史資料集　盲・聾分離をめざした苦闘・90年』岸博実、京都府立盲学校、二〇〇九年。

『視覚障害者の職業自立に身を捧げた人々――骨格標本となった先達の情熱』小西明、上越教育大学特別支援教育実践研究センター紀要第二三巻、二〇一七年。

『改訂復刻版　福田与志伝』島根県立盲学校、二〇〇五年。

『ありのままの記』福田平治、福田静栄、一九六七年。

『目に見えない世界を歩く――「全盲」のフィールドワーク』広瀬浩二郎、平凡社、二〇一七年。

おわりに

骨を触る授業に通い始めたのは、新聞記者になってちょうど十年目の年だった。当時の私は原子力分野を担当しており、日々のルーティンに追われてはいたものの、十年の節目に何かおもしろそうな別のテーマにじっくり取り組んでみたいと密かに考えていた。そんなとき、目の不自由な生徒が半年間にわたって動物の骨を触るという授業の存在を知って、私はとびついた。

当時はあまり意識していなかったが、そのころの取材テーマは「視覚障害」であったと思う。目の見えない生徒がユニークな授業を通して生物を学んでいく様子を、文章にまとめたいと考えていた。

だが、取材はすぐに行き詰まった。目の不自由な生徒がいきいきと生物を学んでいます、というような結論が、本質を外してしまっていると感じ始めたのだ。当初の自分の考えがとても軽薄なものに思えてきた。取材を進めるほど、その違和感は増していく。どう文章にしたらいいのか分からなくなり、授業に通う足取りが重たくなった時期もあった。

今思えば、そのころの私は目の前で展開される授業を、視覚障害という枠の中でしか考えていなかった。打開策はその枠を取り払うことだった。すると目の前の授業風景が変わって見えるようになり、取材は前に進み始めた。

本書のテーマは「学ぶ」ということである。視覚障害ではない。本書に登場するのは視覚障害者もそうでない人も皆、一生懸命に学ぼうとし、学ぶ場をつくろうとしてきた人たちである。私は主に盲学校の授業を舞台に、学ぶとは何かを考え続けた。

生徒たちは骨をじっくり触り、発見した骨の特徴が何を意味するのかを考えて、言葉にしていく。生物室内で交わされる言葉には力があった。生徒たちがどんどん成長していく姿に私は驚き、そのたびに考えさせられた。生徒たちはこの授業でいったい何を得ているのか、と。

そして、私はある考えに行き着いた。学ぶ目的の一つは、きっと自らの言葉を獲得していくということなのだろう。自分の考えを他者に伝えるためだけではない。自分の頭の中でものごとを考えるための、思考の道具としての言葉でもある。自らの体験を通して獲得した言葉は、人生にとって何物にも代え難い価値のあるものなのだ。

現代は、インターネットなどを通じて多くの情報を得ることができる。だが同じ対象であっても、検索サイトに文字を打ち込みモニターに映し出された情報と、実物を前にして自分で見たり触ったり嗅いだりして得た情報は、当然ながらまったく別物である。しかし、私たちはその決定的な違いに鈍感になってはいないだろうか。実物に接するという行為をすっ飛ばしてしまってはいないか。もっと言えば、そもそもすっ飛ばしてしまっていることに無自覚にすらなってはいないだろうか。

時代がどう変わろうとも、実物に接し、自分の頭で考え、言葉を獲得していくという営みを忘れてはいけない。時間も手間もかかる。だが、そこにこそ学ぶ楽しさがある。私はそう思っている。

本書は、多くの人たちの協力で完成に至った。

筑波大学附属視覚特別支援学校の武井洋子氏は、私が半年以上にわたって授業に通うことを快諾してくださっただけでなく、いつ、どのような記事になるかもまったく分からない中で、ずっと私の取材に付き合ってくださった。同校の中学部一年A組の皆さんは、いつも生物室の片隅に座っている私に対して、特に身構える様子もなく、いつも気さくに接してくれた。また、保護者の皆様、学校関係者の皆様にも、取材のご理解とご協力をいただいた。

鳥山由子氏は、骨の授業の成り立ちだけでなく、視覚障害教育を含む教育全般についても、多くのことを教えてくださった。何度もお会いし、ときには取材が夜遅くにまで及んだが、何時間でも、とことん付き合ってくださった。鳥山氏の協力なしでは、取材を前に進めることはできなかった。

内田啓子氏からは、生前の青柳昌宏氏の写真や執筆した原稿など、数々の貴重な資料を提供していただいた。その中には、今回の取材のために、新たに探し出してくださった資料もあり、青柳氏を語る上で不可欠なものになった。

江藤昌弘氏と八木陽平氏には、複数回の長時間にわたる取材に対応していただいた。お二人の人生の一端に触れられたからこそ、本書をまとめることができた。吉野輝雄氏には、当時のお話に加えて、多くの貴重な写真や資料を提供していただいた。

岸博実氏からは、盲教育の歴史について詳しくご教授いただいた。また青松利明氏には、盲学校の現状や大学進学の課題などを教えていただいた。そのほかにも、多くの方にご協力いただいた。皆様に心から感謝したい。

本書は、毎日新聞デジタル版の連載(二〇一八年五月三十日〜六月八日)をベースに、大幅に加筆してまとめたものである。毎日新聞科学環境部の西川拓副部長は、連載時の担当デスクとして、多くの的確なアドバイスをしてくださった。同部の元村有希子部長には、出版の後押しをしていただいた。岩波書店の田中朋子氏は、本書のテーマに興味を持ってくださり、一緒になって本書を作り上げてくださった。この場を借りて、お礼を申し上げたい。

二〇一九年一月

柳楽未来

写真・資料提供

3, 9, 49 右, 83, 91, 129, 131, 137 頁＝毎日新聞社（3, 131 頁＝竹内紀臣撮影, 9, 49 右, 83, 91, 129, 137 頁＝柳楽未来撮影）

13, 39, 42, 44, 145 頁＝武井洋子氏

49 左, 54, 60, 69, 77 頁＝内田啓子氏

81, 107 頁＝出典『“明日への大学” 続編』（国際基督教大学教養学部理学科）

128 頁＝大下歩氏

視覚障害などの理由から本書をお読みになれない方を対象に，テキストの電子データをCD-Rで提供いたします(ただし，発行日から3年間に限らせていただきます).

ご希望の方は，①本書カバー折返しにあるテキストデータ引換券(コピー不可)，②180円切手，を同封し，お送り先の郵便番号，ご住所，お名前をご明記の上，下記までお申し込みください.

データはテキストのみで，イラストや写真は含まれません.

なお，第三者への貸与，配信，ネット上での公開などは著作権法で禁止されておりますので，ご留意ください.

〒101-8002　東京都千代田区一ツ橋2-5-5
岩波書店編集部
『手で見るいのち』テキスト電子データ送付係

柳楽未来
毎日新聞記者．1980年島根県生まれ．広島大学大学院理学研究科物理科学専攻博士課程修了．2008年毎日新聞社入社．松山支局，福井支局敦賀駐在，阪神支局を経て，2016年4月より東京本社科学環境部．これまで原子力やアスベスト問題などを取材．

手で見るいのち――ある不思議な授業の力

2019年2月26日　第1刷発行
2019年8月6日　第2刷発行

著　者　柳楽未来《なぎらみらい》

発行者　岡本　厚

発行所　株式会社　岩波書店
〒101-8002　東京都千代田区一ツ橋2-5-5
電話案内　03-5210-4000
https://www.iwanami.co.jp/

印刷・三秀舎　製本・松岳社

ISBN 978-4-00-024059-8　Printed in Japan